KB069870

내가 몰랐던 내 아이의 SNS

내가 몰랐던 내 아이의 SNS

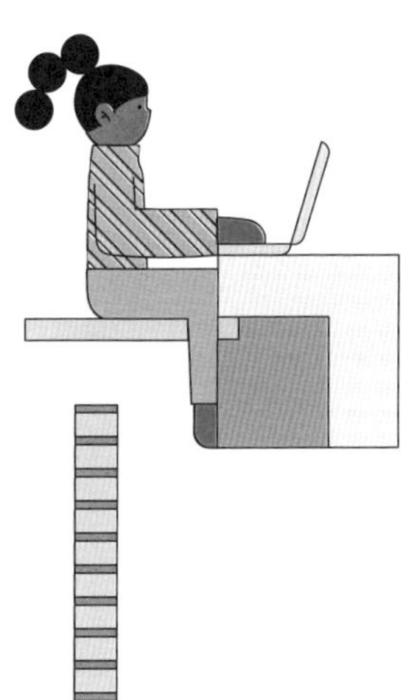

이수지 · 최하나 지음

자음과모음

들어가며

저희 둘은 약 7~8년 전 한 법원의 조정실에서 처음 만났습니다. 민사소송 건의 상대방 변호사로 말이죠. 다행히 각자의 의뢰인에게 이익이 되도록 협의하여 조정으로 잘 마무리했던 기억이 납니다. 그 당시 저희는 어린아이를 양육하는 초보 엄마들이었습니다. 아이를 재우고 먹이고 씻기는 일만으로도 벅찼고, 혼자 트림도 하지 못하는 아이를 보면서 아이가 혼자 밥 먹고 화장실 가고 걸을 수만 있으면 참 좋겠다, 생각했었습니다. 초등학생만 되어도 큰 걱정이 없을 줄 알았으니까요.

그런데 막상 아이들이 크고 나니 더 많은 걱정이 생겼습니다. 식당에서 식사를 조금이나마 편하게 하려고 틀어준 영상은 스마트폰에 대한 호기심을 키워주었습니다. 아직 자신의 의사 표현도 잘하지 못하는 아이가 자기가 보고 싶은 영상은 척척 찾아내는 모습을 보며 씁쓸한 마음이 들었지만, 어쩔 수 없다고 생각했습니다. 더 커서는 엄마 없이 혼자 학교와 학원을 오갈 것이 걱정되어 아이에게 스마트폰을 사주었지만, 스마트폰은 놀이터보다 더 재미난 세상으로 아이들을 유인하였습니다.

이뿐만이 아닙니다. 우리 아이들은 유튜브 크리에이터들이 만든 영상에 댓글을 달고, 자신의 계정에 게임 영상을 찍어 올리고, 인스타그램이나 틱톡에 가입하여 일상의 모든 순간을 사진과 영상으로 찍어 게시물로 올립니다. 친구들과 단체 대화방을 만들어 수다 삼매경에 빠지고, 그 안에서 누군가와 다퉜다는 이야기도 들려옵니다.

실제로 아이의 문제로 저희를 찾아오는 부모님 중에는 SNS에서 비롯된 사건 때문에 골머리를 썩이는 경우가 많습니다. 아이가 SNS에서 저작권을 침해했다거나, 악플을 달았다거나, SNS 때문에 친구들과 오해가 생겨 싸움이 나거나, SNS에서 만난 사람과 오프라인에서 만났다가 성범죄를 당했다는 것이죠.

그런데 부모님들은 본인의 문제였다면 '그럴 수도 있지' 하고 넘겼을 법한 문제도 아이와 관련이 되면 행여 아이의 장래에 문제가 생길까, 나 때문에 아이가 잘못되지는 않을까 걱정하느라 이성적인 판단을 잘하지 못합니다. 그렇다 보니 저희와 상담을 할 때, 아이가 SNS에서 어떤 일이 있었는지 두서없이 털어놓기만 하는 경우가 많습니다. '억울하다'라는 말만 되풀이할 뿐, 증거를 수집할 생각은커녕 사건 해결에 필요한 사실관계조차 설명하지 못하곤 합니다. 이런 부모님들을 볼 때마다 엄마로서는 '나 역시 그럴 수 있겠다'라는 동질감이 들었지만, 변호사로서는 '이렇게 감정만 앞세워서 문제가 잘 해결될 수 있을까' 하는 안타까운 마음이 들었습니다.

그래서 아이가 열이 나거나 설사를 하면 육아 책을 찾아보듯이 아이와 관련된 법률문제로 막막하고 두려운 마음이 들 때 부모가 쉽게 찾아볼 수 있는 안내서가 있으면 좋겠다는 생각에 이 책을 쓰게 되었습니다. 법은 딱딱하고 어려워 나와 거리가 멀다고 생각할 수 있지만, 법을 안다는 것은 부모님과 아이들에게 큰 힘이 될 수 있습니다.

SNS를 통해 세상을 만나게 된 아이들을 지키려면 어떤 점을 조심해야 하고, 어떻게 대처해야 하는지 부모님이 먼저 알아야 합니다. 그리고 그렇게 알게 된 것들을 아이와도 나눌 수 있을 정도로 알기 쉽게 풀어냈습니다. 책에 담긴 사례와 설명을 통해 우리 아이들이 스스로 조심할 수 있도록 도와주세요.

이 책이 태어날 때부터 스마트폰을 보는 것이 당연했고, 앞으로는 AI 시대를 살아갈 아이들이 현명하게 SNS를 이용하는 데 도움이 되기를 기대합니다. 마지막으로 이 책을 집필하는 데 도움을 준 자음과모음 출판사 식구들, 부족한 엄마에게 힘이 되어주며 꿈을 향해 씩씩하게 나아가고 있는 안유정, 안유진, 강다연에게 고마움을 전합니다.

차례

2

우리 아이의 경제생활

3

우리 아이에게 절대 일어나지 않았으면 하는 일, 성범죄

4

우리 아이가 피해자도 가해자도 될 수 있다, 학교폭력

5

변호사 엄마의 조언

1

우리 아이는 크리에이터

들어가기 전에

제가 어렸을 때는 방송국에서만 드라마와 같은 콘텐츠를 만들 수 있었고, 일반인은 텔레비전을 통해 콘텐츠를 소비하기만 했습니다. 그렇기 때문에 우리는 특별히 콘텐츠에 어떤 권리가 있는지, 저작권이라는 것이 무엇인지, 콘텐츠를 만들 때 무엇을 조심해야 하는지에 대해 관심을 가질 필요가 없었습니다. 그런데 어렸을 때부터 스마트폰과 컴퓨터 등 디지털 기기를 접하면서 '디지털 네이티브(Digital Native)'라고 불리는 우리 아이들은 그때와 완전히 다른 환경에서 자라고 있습니다. 우리 아이들의 일상을 한번 볼까요?

아이들은 빠르면 초등학교에 입학하면서 스마트폰을 가지게 됩니다. 아이들의 스마트폰에는 어느새 인스타그램, 페이스북, 틱톡, 네이버, 유튜브 등 다양한 애플리케이션이 가득 깔려 있습니다. 아이들은 친구들과 함께 있는 사진을 찍어서 인스타그램에 올리고, 아이돌 음악이나 유행하는 노래를 틀어놓고 춤을 따라 하는 영상을 찍어서 틱톡에 올리기도 합니다. 또 재미있는 짤(사진)을 어디선가 가져와서 친구들에게 카카오톡으로 보내고, 자신의 소소한 일상을 브이로그에 담아 유튜브에 올리기도 합니다. 이렇듯 우리 아이들은 매일 콘텐츠를 소비할 뿐만 아니라 생산하는 주체가 되어갑니다.

그런데 아이들이 SNS에 올리는 사진과 커버노래, 커버댄스와 같은 동영상에는 모두 '저작권' '초상권'과 같은 권리들이 숨어 있습니다. 별생각 없이 또는 남들도 그렇게 하니까 따라 했던 행동으로 나중에 낭패를 볼 수 있다는 의미입니다.

이 장에서는 우리 아이들이 SNS에 콘텐츠를 만들어 올릴 때 뜻하지 않게 불미스러운 일에 휘말리지 않도록 반드시 알아야 할 저작권, 초상권, 명예훼손 등에 대해 알아보겠습니다.

OX 퀴즈

- 다른 사람이 쓴 글의 링크를 내 글에 게시하는 것은 괜찮다.
- 커버노래나 커버댄스는 SNS에 올려도 문제가 없다.
- 출처만 표시하면 다른 사람의 사진을 써도 된다.
- 연예인과 같은 공인의 사진은 누구나 자유롭게 SNS에 올릴 수 있다.
- 제품 리뷰에서 '내돈내산'으로 사실을 말했으면 아무 문제가 없다.

(정답: O X X X X)

남의 저작물을 함부로 쓰면 저작권 침해가 된다

음식점이나 쇼핑몰을 가면 흥겨운 노래가 흘러나옵니다. 또 텔레비전을 틀면 드라마와 각종 예능 프로그램이 나옵니다. 이처럼 우리는 언제 어디에서든 쉽게 음악과 드라마를 즐길 수 있습니다. 누구나 즐길 수 있는 음악과 드라마이니 내 개인 SNS에 올리는 것도 괜찮을까요? 우리가 일상생활에서 공기처럼 즐기고 있는 음악과 드라마, 그 외 창작물에는 어떤 권리가 있을까요?

저작권이란?

우리는 남의 물건을 함부로 쓰거나 가져가면 안 되며, 만약 남의 물건을 허락도 받지 않고 가져갈 경우, 도둑으로 처벌받을 수 있다는 것을 잘 알고 있습니다. 하지만 눈에 보이는 물건을 함부로 가져가는 것만 문제가 되는 것이 아니라는 사실은 잘 모릅니다. 글, 노래, 사진, 동영상, 심지어 댄스 안무와 같은 우리 눈에 보이지 않는 창작물도 물건과 마찬가지로 누군가의 시간과 노력으로 만들어졌기 때문에 함부로 사용할 수 없습니다.

기본적으로 창작물(저작물)을 만든 사람(저작자)에게는 '저작권'이라는 권리가 생깁니다. 특허권이나 상표권, 디자인권은 나라에 권리를 등록해야 창작자에게 권리가 생기지만, 저작권은 저작물을 만드는 순간부터 저작물을 만든 사람에게 생기는 권리입니다. 따라서 다른 사람의 창작물을 저작권자의 허락 없이 사용하면 안 됩니다. 물건을 훔친 것과 마찬가지로 저작권자의 허락 없이 함부로 창작물을 사용하면 저작권 침해, 즉 법을 위반한 것이 됩니다.

그럼 함부로 쓰면 안 되는 '창작물'은 어떤 것을 말하는 걸까요? 법으로 보호하는 것이니까 고흐가 그린 그림, 박찬욱 감독의 영화 같은 유명한 사람의 창작물만을 저작물이라 생각할 수도 있겠습니다. 그러나 저작물은 '사람이 생각이나 감정을 담아서 만들어낸 창작물 전부'를 의미합니다. 어디에 등록할 필요도 없고, 예술가나 훌륭한 사람이 만들어야 한다는 조건도 없습니다. 타인의 창작물을 베끼지 않았다면 자녀 혹은 제가 만들었다고 해도 모두 저작물이 될 수 있습니다. 그래서 자녀가 블로그에 쓰는 일기, 자녀가 그린 그림, 인터넷에 돌아다니는 웃긴 짤, 학원 선생님의 강의, 게임 등 이 모든 것이 저작물에 속합니다. 이런 저작물들을 사용하고자 할 때는 저작권자의 허락이 반드시 필요합니다.

다른 사람의 사진을 블로그에 올리고, 친구에게 재밌는 짤을 카카오톡으로 보냈는데 지금까지 큰 문제가 없었다고요? 법적으로는 모두 저작권 침해에 해당합니다. 그저 저작권자가 문제 삼지 않고 있을 뿐입니다.

> **사례** 무료 웹툰을 즐겨 보는 영희는 웹툰의 주인공이 마음에 쏙 들었습니다. 그래서 웹툰의 주인공을 따라 그려서 인스타그램에 올렸는데, 친구들의 반응이 무척 좋아서 그 그림을 여러 친구들에게 팔았습니다. 또 영희는 자신의 블로그에 그 웹툰을 소개하는 글을 쓰면서 웹툰을 볼 수 있는 인터넷 사이트의 URL을 링크로 걸고, 웹툰의 몇 컷을 캡처해서 올렸습니다.

무료로 볼 수 있는 웹툰은 모두에게 공개되어 있으므로 마음대로 캡처해서 자기가 원하는 곳에 올려도 된다고 생각하는 경우가 많습니다. 하지만 웹툰 작가는 포털 사이트로부터 일정한 대가를 받고 그 포털 사이트에서 이용자들이 무료로 웹툰을 보는 것을 허락한 것이지, 이용자가 웹툰을 복사해서 다른 곳에 올리거나 웹툰의 캐릭터를 이용한 메모지와 같은 '굿즈'를 만들어 파는 것까지 허락한 것은 아닙니다. 당연히 웹툰 작가가 자신의 저작권을 포기한 것도 아닙니다. 그러므로 위 사례와 같이 웹툰 속 주인공을 따라 그려서 판매하는 행위는 물론, 웹툰 중 일부를 캡처해서 다른 곳에 올리는 행위 모두 저작권 침해가 될 수 있습니다.

결국 어떤 사이트에서 무료로 이용할 수 있거나, 많은 사람에게 공개되어 있다는 이유만으로 그 저작물을 마음대로 써도 되는 것은 아닙니다. 저작권자가 허락한 범위 내에서만 해당 저작물을 이용할 수 있고, 저작권자가 허락하지 않은 방법으로 저작물을 이용하면 저작권 침해가 될 수 있습니다.

여기서 주의 깊게 살펴보아야 할 사실이 있습니다. 저작물을 가져와서 블로그에 그대로 올리는 것과 저작물이 있는 사이트의 URL '링크(link)'를 블로그에 올리는 것은 큰 차이가 있습니다. 링크는 인터넷 이용자들이 접속하고자 하는 웹 페이지로의 이동을 쉽게 해주는 기술이므로, URL의 링크를 거는 행위는 저작물의 저작권 침해라고 보지 않기 때문입니다. 블로거들이 신문 기사나 다른 사람의 블로그 글을 직접 가져오지 않고, 링크를 걸어두는 경우가 많은 이유입니다. 따라서 위 사례에서 영희가 웹툰의 URL을 링크로 걸어두는 것은 저작권 침해에 해당하지 않습니다.

이처럼 누군가가 열심히 고민해서 만든 글과 그림, 사진, 노래, 웹툰, 동영상과 같은 창작물에는 '저작권'이라는 권리가 있습니다. 그렇기 때문에 저작권자의 허락 없이 함부로 쓰면 안 되고, 저작권자가 허락한 방법 외의 다른 방법으로 저작물을 이용해서도 안 된다는 점을 꼭 기억하고 자녀에게 알려주세요.

저작권을 침해하면 어떻게 되나요?

다른 사람의 저작물을 허락받지 않고 마음대로 쓰면 어떻게 될까요? 저작권법은 저작권 침해자를 형사처벌하거나, 침해자가 권리자인 저작권자에게 손해를 배상해주도록 하고 있습니다(민사소송).

형사처벌과 민사소송은 다른 목적을 가진 별개의 절차이기 때문에, 형사처벌을 받아도 손해배상 청구를 받을 수 있습니다. 피해자인 저작권자는 저작권 침해자를 상대로 형사고소와 민사소송을 동시에 할 수도 있고, 형사고소를 한 뒤 민사소송을 순차적으로 할 수도 있고, 또는 자신의 목적을 고려해서 형사고소나 민사소송 둘 중에 하나만 할 수도 있습니다.

저작권자가 저작권을 침해한 사람을 경찰에 고소하면 침해자는 5년 이하의 징역 또는 5,000만 원 이하의 벌금에 처해질 수 있습니다. 실제로는 저작권을 침해했다고 징역형을 받는 경우는 매우 드물고, 대부분 벌금형을 선고받게 됩니다. 벌금형에 대해 가볍게 생각할 수도 있겠지만, 벌금형도 엄연히 전과가 남습니다.

저작권을 침해하는 경우를 살펴보면 '남들도 다 웹하드에 올리던데요' '남들도 다 음악을 불법으로 다운로드받던데요'와 같이 잘 모르고 저지르거나 처음 법을 위반하는 경우가 많습니다. 교통법규 위반과 비슷한 면이 있죠. 그래서 법 위반이 처음이고 저작권을 대량으로 침해한 경우가 아니라면 '교육조건부 기소유예' 처분을 내리는 경우가 많습니다. 이는 8시간 정도 저작권 교육을 받는 것을 조건으로 기소유예 처분을 받는 것으로, 전과가 남지 않습니다. 또 실수로 저작권을 침해한 청소년은 처음 한 번에 한해 조사도 받지 않고 검찰에게 '각하(범죄 내용에 대한 판단 없이 사건을 종료함)' 처분을 받기도 합니다.

한편, 저작권법 위반죄는 '친고죄'입니다. 친고죄란 범죄의 피해자가 고소해야만 경찰 수사와 처벌이 이루어지는 죄인데요. 보통 피해자의 의사가 중요하거나 죄질이 경미한 범죄가 이에 속합니다. 즉, 저작권을 침해한 사람이 있다고 해도 피해자가 고소를 하지 않는다면 수사와 처벌이 이루어질 수 없습니다. 저작권자가 고소를 하지 않아서 우리가 일상 속에서 무심코 저지르는 저작권 침해가 문제되지 않는 것이라고도 할 수 있겠습니다.

친고죄인 점이 중요한 이유는 피해자가 피해를 당했을 때 반드시 정해진 기간 내에 고소를 해야 하기 때문입니다. 친고죄는 가해자를 알게 된 날로부터 6개월 내에 고소를 해야 합니다. 만약 이 기간 내에 고소를 하지 않으면 형사고소 대신 손해배상 등 민사소송만 진행할 수 있습니다.

반대로 가해자 입장에서는 피해자와 합의를 하면 없었던 일이 되기 때문에 중요합니다. 그러므로 내 아이가 저작권 침해를 했다고 판단된다면 빠르게 피해자와 합의하는 것이 중요합니다. 다만, 모든 저작권법 위반죄가 친고죄는 아닙니다. 상습적이거나 영리 목적으로 저작권을 침해한 경우에는 저작권자가 고소를 하지 않더라도 수사기관이 수사하고, 기소할 수도 있습니다.

다음으로, 저작권을 침해하면 저작권자에게 손해를 끼치는 일이기 때문에 손해배상을 해야 합니다. 이때 손해배상액은 보통 '저작권자에게 허락을 받았더라면 얼마를 냈어야 하는가'가 기준이 됩니다. 예를 들어, A씨가 사진 한 장을 10만 원에 팔고 있었는데 가해자가 그 사진을 무단으로 썼다면, 10만 원을 기준으로 손해배상액이 정해집니다. 가해자가 저작권을 침해해서 100만 원을 벌었다면 저작권 침해로 인한 수익(100만 원)을 기준으로 손해배상액을 정할 수도 있습니다. 만약 이런 사정들을 확인하기 어려우면, 법원의 재량으로 손해배상금이 정해지기도 합니다.

이런 법적인 절차와 별개로 네이버, 유튜브 등 각종 인터넷 사이트는 저작권 보호를 위한 '신고센터'를 두고 있습니다. 네이버의 경우 '게시물 신고센터'를 통해 '권리침해 게시물' '유해 게시물'을 신고할 수 있습니다. 저작권자는 누군가 무단으로 자신의 저작물을 블로그나 카페에 게시한 것을 발견하면 게시물 신고센터에 삭제 혹은 게시 중단을 요청할 수 있습니다. 그러면 네이버는 빠른 검토를 거쳐 바로 조치를 취하게 됩니다.

유튜브 또한 저작권자가 '저작권 삭제 요청'을 할 수 있습니다. 그러면 유튜브는 관련 내용을 확인한 후 해당 채널에 '저작권 위반 경고'를 합니다. 저작권 위반 경고를 처음 받았을 때는 '저작권 학교'를 수료하면 됩니다. 경고를 세 번 받으면 계정 및 계정과 연결된 모든 채널이 해지되고 계정에 업로드된 모든 동영상이 삭제되며, 새로운 채널을 만들 수 없게 됩니다. 즉, 저작권 침해가 반복되면 유튜브 내에서 내가 쌓아 올린 콘텐츠가 모두 삭제될 뿐 아니라 더 이상 유튜버로 활동하기 어려워지게 됩니다. 따라서 만약 우리 아이가 유튜버나 크리에이터가 되고 싶어 한다면 저작권에 대한 이해가 반드시 필요하기에 부모로서 꼭 아이에게 알려주어야 합니다.

정리하자면 저작권 침해가 있을 때 저작권자는 저작권법 위반으로 형사고소를 할 수 있고, 손해배상을 청구하는 민사소송을 할 수도 있으며, 각 사이트에서 정해놓은 절차에 따라 삭제 조치를 취할 수도 있습니다. 저작권자는 이 세 가지 절차를 한꺼번에 진행해도 되고, 하나만 해도 되며 경우에 따라 순서대로 진행할 수도 있습니다.

실제로는 저작권 침해를 이유로 민사소송을 하게 될 경우, 손해배상액이 크지 않을 수 있습니다. 또 소송을 위해 변호사를 선임한다면 변호사 비용을 지출해야 합니다. 그래서 민사소송을 진행하는 대신 저작권 침해물을 빨리 삭제하기 위해 각 사이트에서 정하고 있는 절차에 따라 삭제 조치를 취하는 경우가 많습니다.

형사고소는 민사소송에 비해 혼자서 진행하기가 비교적 수월하므로 민사소송 대신 형사고소를 진행하는 경우가 많습니다. 이 경우 친고죄의 특성상 가해자가 합의를 하겠다고 하는 경우가 많고, 수사 과정에서 경찰이나 검사가 형사조정 절차를 통해 피해자와 가해자가 합의를 하도록 주선하는 경우가 많기 때문에 형사 절차 내에서 손해배상을 받을 가능성도 높습니다.

그러므로 만약 저작권을 침해당한 상황에서 빠르게 침해물을 내리는 것이 중요하다면, 각 사이트에서 안내하는 절차에 따라 삭제 요청을 하는 것이 좋습니다. 만약 가해자가 반복적으로 침해를 하고 있다거나, 악의적으로 침해를 하고 있는 상황이라면 관련 증거들을 잘 확보해서 고소를 고려해야 합니다. 반대로 자녀가 다른 사람의 저작권을 침해해서 문제가 생겼다면, 먼저 전문가와의 상담을 통해 정말로 저작권으로 보호되는 저작물을 무단으로 썼는지 확인해야 합니다. 그리고 저작권 침해의 가능성이 높다면 형사고소를 당할 위험성이 있으므로 합의를 통해 원만하게 문제를 해결하는 방안을 고려해야 합니다.

이럴 땐 저작권 침해가 아닙니다

앞에서 저작물에는 저작권이라는 권리가 있어서 저작권자의 허락 없이 함부로 쓰면 저작권 침해가 될 수 있다고 했습니다. 그렇지만 모든 저작물에 대해 저작권자의 허락을 받고 써야 한다면 콘텐츠를 만들 때 신경 써야 할 점이 많아지고, 그러다 보면 새로운 창작물이 탄생하기 어렵겠죠. 그래서 법에서는 저작권자의 허락 없이 마음대로 써도 되는 저작물을 정해놓았습니다. 이러한 저작물은 저작권자의 허락 없이 이용해도 저작권 침해가 아니기 때문에 자유롭게 사용이 가능합니다. 그럼 우리가 자유롭게 쓸 수 있는 저작물을 알아볼까요?

아이디어

저작물처럼 보이지만 사실은 저작물이 아닌 것이 있습니다. 저작권을 이해할 때 가장 어려운 부분인데요. 저작권법은 생각을 담아서 표현한 '창작물'을 보호하지, '아이디어'를 보호하지는 않습니다. 백종원의 각종 요리 레시피를 떠올려봅시다. 포털 사이트에 '백종원 김치찌개 레시피' '백종원 제육볶음 레시피'를 검색하면 정말 많은 동영상과 블로그가 나옵니다. 그런데 김치찌개를 만들 때 무슨 재료를 넣고 어떤 순서로 만들라는 것은 생각을 표현했다기보다는 요리를 만드는 '아이디어'라고 볼 수 있습니다. 그래서 백종원의 레시피는 백종원이 독점하는 것이 아니라, 여러 사람이 사용할 수 있습니다.

하지만 그 레시피를 이용해서 만든 음식을 사진으로 찍었다면, 또 레시피를 가지고 누가 봐도 이해하기 쉽게 강의를 하거나 글을 썼다면 그 사진이나 강의와 글은 저작물이 될 수 있습니다. 따라서 음식 사진을 허락받지 않고 쓰거나, 강의나 글을 그대로 베낀다면 저작권 침해입니다.

사람들이 많이 보는 영상 콘텐츠는 어떨까요? 카메라 앞에 앉아서 푸짐하게 음식을 늘어놓고 맛있게 먹는 '먹방'과 'ASMR' 같은 유튜브 영상은 인기 있는 영상 주제 중 하나입니다. 그만큼 많은 사람이 비슷한 영상을 만들어 올리는데요. 이 많은 사람이 전부 먹방이나 ASMR이라는 소재를 사용한다고 해서 누군가에게 허락을 받을 필요는 없습니다. 이 소재들 역시 아이디어이기 때문입니다.

이처럼 아이디어는 저작권법이 보호하지 않기 때문에 누군가가 독점할 수 없고, 자유로이 그 아이디어를 이용해 새로운 창작물을 만드는 것이 가능합니다.

그러나 이 아이디어를 바탕으로 어떤 옷을 입은 사람이 나와서 어떤 음식을 차려 놓고, 어떤 말을 하면서 음식을 먹고, 어떤 구성과 순서로 진행할 것인지 구체적인 내용을 짜서 동영상을 찍는다면 그런 동영상은 저작물이 됩니다.

오래된 저작물

오래된 저작물은 저작권자의 허락 없이 자유로이 이용할 수 있습니다. 집을 사면, 그 집을 팔기 전까지 그 집은 내 '소유'입니다. 이처럼 소유권은 영원합니다. 그러나 저작권은 그렇지 않습니다. 저작권에는 저작재산권과 저작인격권이 있는데요. 재산적 권리인 저작재산권은 저작자가 생존하는 기간과 사망한 후 70년간만 보호됩니다. 저작인격권은 저작자의 인격적인 부분과 관련되어 있으므로 실질적으로 저작자가 살아 있을 동안에만 보호되고, 저작자가 사망한 이후에는 특별히 문제가 되지 않습니다.

집에 있는 달력을 한번 펼쳐볼까요? 달력에는 고흐의 그림, 모네의 그림 등 우리 눈에 익숙한 각종 명화가 담겨 있습니다. 지금까지 살펴본 바로는 이 그림들도 모두 저작권이 있으므로, 원칙적으로는 고흐나 모네의 허락 없이 달력을 만들 수 없습니다. 그런데 이 위대한 화가들은 이미 사망한 지 시간이 꽤 되었기 때문에 지적재산권이 이미 소멸했습니다. 그렇기 때문에 인쇄소에서 그들의 허락을 받지 않고 매년 달력을 만들어낼 수 있는 것입니다.

또 동화 『어린왕자』가 A 출판사에서도, B 출판사에서도, C 출판사에서도 출판되는 이유는 무엇일까요? 작가가 돈을 벌고 싶어서 A, B, C 출판사 모두에게 출판을 허락한 것일까요? 그것이 아니라 작가인 생텍쥐페리가 사망한 지 오래되었기 때문에 위 사례와 마찬가지로 지적재산권이 소멸해서 여러 출판사가 작가의 허락을 받지 않고 각자 책을 출판할 수 있는 것입니다.

공정이용에 해당하는 경우

저작권법은 보도, 비평, 교육, 연구, 창조적인 목적의 저작물을 정당한 범위 안에서 공정한 관행에 합치되게 이용하는 경우에 저작권자의 허락 없이 사용하는 것을 허락합니다. 이것을 '공정이용'이라고 부릅니다.

법원에서 쉽게 공정이용을 인정하지 않는 경향이 있지만, 상업적인 목적이 아니라 연구나 언론 보도 등의 비영리적인 목적이 있고, 저작물의 일부만 이용함으로써 저작권자에게 경제적 손해가 가지 않는 조건이라면 공정이용이 인정될 가능성이 높습니다.

사례 철수 씨는 유치원생인 자신의 딸이 한 가수의 노래를 따라 부르며 춤추는 모습이 아주 귀여워서 짧은 동영상을 찍어 개인 블로그에 올렸습니다. 그런데 이를 발견한 노래의 저작권자가 철수 씨가 자신의 허락도 없이 노래가 포함된 동영상을 올렸다며 동영상을 내리라고 요구했습니다.

어린아이가 가수의 노래를 따라 부르는 동영상을 개인 블로그에 올린 것도 저작권 침해가 될까요?

철수 씨는 해당 가수의 노래를 통해 돈을 벌려고 했던 것이 아니라, 딸의 귀엽고 깜찍한 모습을 간직하고 사람들과 공유하기 위한 목적으로 동영상을 블로그에 올렸습니다(이용 목적). 그리고 아이가 노래 '일부분'을 부르는 모습을 동영상으로 찍었습니다(이용 부분이 저작물 전체에서 차지하는 비중과 중요성). 또 철수 씨의 딸이 노래를 부르기는 했지만 나이가 어린 탓에 박자, 음정, 가사가 잘 맞지는 않았습니다. 그래서 이 동영상 때문에 가수의 노래가 소비되지 않을 가능성도 낮았습니다(저작물의 이용이 저작물의 시장가치에 미치는 영향). 이처럼 상업적인 목적 없이 저작물 일부를 이용하고, 그로 인해 저작권자가 손해를 보지 않을 경우에는 공정이용이 되어 저작권자의 허락 없이 저작물을 이용할 수 있습니다.

그럼 요즘 아이들이 아이돌 커버댄스를 추거나 커버노래를 부르는 장면을 동영상으로 찍어서 SNS에 올리는 경우도 공정이용에 해당할 수 있을까요? 커버노래는 아이돌의 노래를 그대로 따라 부르는 것이고, 커버댄스는 아이돌의 춤을 그대로 따라 추는 것이기 때문에 동영상에서 노래와 댄스가 주된 것이 됩니다. 그리고 아이돌의 노래와 춤을 비슷하게 부르고 추는 것이기 때문에 해당 동영상은 아이돌의 노래와 춤에 직접 경쟁하는 관계가 될 가능성이 있어 저작권자에게 손해를 끼칠 수 있습니다. 그래서 커버댄스와 커버노래는 영상 속에 포함된 춤과 노래의 길이가 짧더라도 공정이용에 해당되기가 어려워 저작권자가 저작권 침해를 주장한다면 법적 분쟁에 휩싸일 수 있습니다.

결국 공정이용으로 인정이 되려면 까다로운 조건을 통과해야 합니다. 내가 만든 동영상이 메인 요리라고 할 때, 그중 다른 사람의 저작물이 소고기나 연어 등 주재료가 아니라 설탕이나 후추같은 양념 정도의 비중과 중요도를 가져야 가능한 것입니다.

개인이 사용하는 경우

집에서 개인적으로 이용하려고 복사해두는 것(사적이용을 위한 복제)은 저작권자의 허락 없이도 가능합니다.

문제집, 소설, 악보 등을 복사, 복제하는 것도 원래는 저작권 침해에 해당합니다. 그런데 집에서 혼자 보려고 복사하는 것까지 모두 막으면 너무 가혹하겠죠? 그래서 저작권법은 비영리 목적으로 개인이 집에서 복사하는 것까지 막지는 않습니다. 예를 들어, 자녀가 캐릭터 도감을 보다가 마음에 드는 캐릭터가 있어서 복사해 벽에 붙여 놓거나, 똑같이 그림을 그려서 간직하는 것은 가능합니다. 또 엄마가 문제집을 보다가 자녀가 자주 틀리는 부분이 있어서 한 번 더 풀게 하려는 목적으로 복사하는 것도 가능합니다.

그러나 문제집을 복사해서 옆집 친구와 공유하는 것은 저작권 침해입니다. 법에서 허용하는 범위는 집에서 혼자, 개인적으로 쓰는 경우에만 한정되기 때문입니다. 또 펜션을 운영하면서 방 하나를 유명한 캐릭터로 꾸민 뒤 인스타그램에 올려서 홍보한다면, 그것 역시 저작권 침해입니다. 실제로 상담을 하다 보면 펜션이나 공방, 디저트 가게에서 유명한 캐릭터를 이용해서 물건이나 디저트를 만들었다가 저작권자로부터 자신의 저작권을 '침해'했다는 편지를 받거나 소송을 당하는 경우가 종종 있습니다. 아이들이 좋아하는 유명 캐릭터를 활용한 상품을 소비할 때, 이것이 저작권을 침해하는 경우는 아닌지 아이와 함께 생각해보며 아이의 저작권 의식을 키워주면 좋겠습니다.

저작권자가 허락한 창작물

마지막으로, 저작권자가 마음대로 쓰라고 통 크게 허락한 저작물은 마음대로 써도 됩니다. 그리고 유튜브에서는 저작권 문제없이 사용할 수 있는 음악, 폰트 등을 안내하고 있으므로 영상을 만들어 올리고 싶을 때 이를 이용해 제작하는 것이 좋습니다. 다만, 각 사이

사이트	주소	내용
공유마당	gongu.copyright.or.kr	공공저작물, 기증저작물, 만료저작물 등 검색 및 이용 가능
공공누리	kogl.or.kr	공공저작물 검색 및 이용 가능
픽사베이	pixabay.com	무료 이미지 검색 및 다운로드 가능
언스플래쉬	unsplash.com	무료 이미지 검색 및 다운로드 가능
프리사운드	freesong.org	무료 효과음 검색 및 다운로드 가능

대표적인 저작권 프리 사이트

트마다 이용은 허락했지만 상업적으로 쓰면 안 되거나, 원본을 변형해서 쓰면 안 된다는 조건이 달려 있는 경우가 있으므로 미리 이용 조건을 확인하고 지켜야 합니다.

아이와 함께 생각해보기

인공지능이 만든 작품도 저작물일까?

2016년 3월 인공지능 알파고와 이세돌이 바둑 대결을 했는데, 알파고가 4승 1패로 이세돌 9단에게 승리를 하면서 큰 화제가 되었습니다. 그 뒤로도 인공지능은 발전에 발전을 거듭하여 2021년 공개된 'DALL-E'라는 인공지능은 사람이 입력한 문장을 토대로 그림이나 사진을 창작하는 정도에 이르렀습니다. 2022년에는 미국 콜로라도 주립박람회(Colorado State Fair) 미술대회에서 인공지능이 만든 작품이 1등을 하기도 했습니다.

그렇다면 인공지능이 만든 작품도 저작물로 보호될 수 있을까요?

저작권법을 한번 살펴볼까요. 저작권법은 '인간의 생각이나 감정'을 표현한 저작물을 보호합니다. 그렇기 때문에 인간이 아니라 인공지능이 그리거나 만든 작품은 저작권법에 의해 보호될 수 없습니다.

실제로 2022년 2월 미국에서는 인공지능이 창작한 미술작품을 두고 '인간에 의한 창작물'이라는 요건이 결여되었다는 이유로 저작권 등록을 거절하는 사건도 있었습니다. 한국에서도 인공지능이 만든 작품이 저작권법에 의해 보호되지 않기 때문에 법을 새로 만들어야 하는지, 법을 고쳐야 하는지에 대한 논의가 진행 중입니다.

최근에는 'ChatGPT'가 공개되면서 인공지능이 우리의 생활에 성큼

다가왔습니다. 아이와 함께 앞으로 우리 아이가 살아갈 세상에서 인공지능이 만든 작품들은 어떤 지위에 있을지 이야기를 나누어보세요.

저작권이 더 궁금한 사람을 위한

Q&A

Q 일반인이 SNS에 올린 사진은 그냥 사용해도 되나요?

앞서 설명했듯 전문가 혹은 사진을 잘 찍는 사람이 찍은 사진만 저작권을 보호받는 것은 아닙니다. 따라서 일반인이 찍었는지, 전문가가 찍었는지는 중요하지 않으므로 일반인이 찍은 사진도 저작권이 있을 수 있습니다.

한편, 사진작가가 찍었다고 하더라도 누가 찍어도 같거나 비슷할 수밖에 없는 사진이라면 저작권법이 보호하는 저작물이 되지 않을 수 있습니다. 예를 들어, 성형외과의 성형 전후 비교 사진, 별다른 배경 없이 제품만을 클로즈업해서 찍은 사진 등에는 사진 자체에서 개성이나 창조성을 찾아보기 힘듭니다. 그렇기 때문에 저작물로 보호되지 않을 수 있습니다. 그러나 대부분의 사진은 일반인이 찍었다고 하더라도 저작권이 있으므로 함부로 사용해서는 안 됩니다.

Q 출처를 표시하고 사용하는 것은 괜찮나요?

"마음대로 쓰세요"라고 기재되어 있는 등 특별한 사정이 없다면, 다른 사람의 저작물은 사전에 '허락을 받고' 이용해야 합니다. 인터넷에 공개된 저작물이어도 마찬가지입니다. 저작권이 있는 저작물이라면 원칙적으로 허락을 받고 이용해야 하므로, 출처를 밝혔다고 해서 문제가 없는 것은 아닙니다. 출처 표시를 한다고 해서 저작권자의 저작권이 소멸하거나 사용자에게 권리가 발생하는 것은 아니기 때문입니다. 따라서 출처 표시를 했다고 면죄부를 받을 수는 없습니다.

Q 돈을 벌려는 목적이 아닌 취미로 SNS에 다른 사람의 사진이나 노래를 업로드하는 건 괜찮나요?

다른 사람의 저작물을 이용해서 돈을 벌지 않더라도, 다른 사람의 저작물을 허락받지 않고 이용하면 저작권 침해가 됩니다. 따라서 개인적으로 운영하는 블로그나 유튜브이고, 이를 통해 광고 수익이 발생하지 않는다고 하더라도 저작권자의 허락 없이 다른 사람의 저작물을 이용하면 저작권 침해가 문제 될 수 있습니다.

Q 자녀가 게임 파일 등 컴퓨터 프로그램을 USB에 담아 친구에게 무료로 나누어 준 경우 저작권 침해에 해당하나요?

게임 파일이나 소프트웨어도 저작권법이 보호하는 저작물입니다. 따라서 저작권자(게임 회사)의 허락 없이 저작물을 나누어 주는 행위도 저작권 침해입니다. 이때 경제적 이익을 목적으로 하지 않으면서 친구에게 게임 파일을 무료로 나누어 주었다 하더라도 마찬가지로 저작권 침해가 됩니다.

Q 게임, 책 리뷰 등을 올리는 것은 홍보에 도움이 되니까 저작권 침해가 아니지요?

내가 리뷰를 올리면 홍보에 도움이 될 테니 괜찮겠지, 라고 생각할 수도 있습니다. 하지만 이 역시도 다른 사람의 저작물을 허락받지 않고 이용하는 것이기 때문에 저작권 침해가 됩니다. 설사 내가 이 저작물을 이용해서 저작권자에게 도움을 줬다고 하더라도 저작권자의 허락 없이 게임이나 책 내용을 유튜브 영상이나 블로그에 올리면 법적으로는 저작권 침해입니다.

다만 법적으로는 저작권 침해라고 해도 저작권자가 경찰에 신고하거나 민사소송을 걸 때에 법적 문제가 현실화됩니다. 만약 게임 회사나 출판사가 팬이 많은 리뷰 전문 유튜버를 고소하면 어떻게 될까요? 게임 회사나 출판사의 처사를 두고 무시무시한 후폭풍이 생길 수도 있습니다. 그래서 저작물의 홍보에 도움이 된다면 저작권 침해를 문제 삼지 않는 경우도 많습니다만, 법적으로는 어디까지나 저작권 침해라는 것을 꼭 명심해야 합니다.

Q 아이가 직접 방송국에 가서 찍은 음악 방송 '직캠'은 자유롭게 써도 되나요?

직캠에 포함된 음악의 저작권자와 음악 방송을 제작한 방송사 등에게 허락받지 않고 직캠을 SNS에 올리거나 누군가와 공유한다면 각 권리자에 대한 침해가 될 수 있습니다.

음악 방송 직캠을 자세히 들여다보면 정말 많은 권리가 숨어 있습니다. 아이돌의 노래에는 작곡가와 작사가, 편곡자, 연주자, 가수의 권리가 포함됩니다. 그리고 아이돌의 얼굴에는 '초상권'이라는 권리가 있습니다. 또 영상 속에는 방송사에서 제작한 무대와 연출, 기획 등이 포함되어 있는데, 이런 것들도 모두 PD 내지 방송사의 저작물입니다. 그러므로 비록 내가 카메라를 들고 직접 찍었다고 하더라도, 그 내용물에 다른 사람의 저작물이나 권리가 포함되었다면 각 부분에 대해 각 저작권자들의 허락이 모두 필요합니다.

Q 딱 30초만, 짧게 아이돌의 뮤직비디오를 SNS에 올리는 건 괜찮나요?

짧게 저작물을 쓰는 경우에도 허락을 받아야 합니다. 저작권자의 허락 없이 저작물을 쓸 수 있는 경우는 공정이용에 해당하는 경우인데, 전술했듯 공정이용은 까다로운 조건에서만 인정됩니다. 뮤직비디오, 영화, 드라마 등 상업적인 동영상을 짧게 올린다고 해서 공정이용이 인정되기는 어렵습니다.

Q 다른 사람의 저작물을 참고하거나 패러디하는 것도 문제가 될까요?

다른 사람의 '아이디어'만 이용해서 저작물을 창작하는 것이라면 괜찮습니다. 또 다른 사람의 저작물을 참고했지만 그 저작물과 내 저작물이 정말 다르다면 이것도 괜찮습니다. 저작권 침해가 되려면 실질적으로 서로 유사해야 하기 때문입니다. 문제는 위 두 가지 경우가 아닌 패러디를 하는 경우입니다.

다른 사람의 저작물에서 많은 부분을 상업적 목적으로 사용한 경우, 아무리 본인이 패러디라고 하더라도 저작권 침해가 될 가능성이 큽니다. 반면 풍자, 해학, 비평적인 목적을 위해서 어떤 저작물을 활용해서 뭔가 새로운 가치를 만들어내는 것이라면 저작권 침해가 되지 않을 가능성이 큽니다. 결국 그 저작물을 이용해서 어떤 가치를 만들어냈는가가 중요합니다.

실제로 예전에 모 가수가 가수 서태지의 'Come back home'이라는 노래를 패러디한 사건이 있었는데요. 법원은 "개사곡이 원곡에 나타난 독특한 음악적 특징을 흉내 내어 단순히 웃음을 자아내는 정도에 그치는 것일 뿐 원곡에 대한 비평적 내용을 부가하여 새로운 가치를 창출한 것으로 보이지 않는" 점 등을 이유로 들어 이를 저작권 침해라고 판단했습니다(서울중앙지방법원 2001카합1837 결정). 패러디라는 이름으로 가수 서태지가 만든 노래와 유명세를 이용해 돈을 벌려는 목적이었지, 'Come back home'이라는 노래를 활용해서 자신만의 창작성을 발휘하거나 문화적으로 도움이 되는 활동을 한 것은 아니라고 본 것이죠.

저작권 속 권리들

저작권은 '권리의 다발(bundle of rights)'이라고 불립니다. 저작권이라는 한 단어 안에 수많은 권리가 숨어 있기 때문이죠. 이러한 권리들을 크게 저작인격권과 저작재산권으로 나눌 수 있습니다.

저작인격권	저작재산권
공표권 성명표시권 동일성유지권	복제권 공연권 공중송신권 전시권 배포권 대여권 2차적저작물작성권

저작권의 종류

저작인격권은 저작자가 자신의 저작물에 대해 가지는 인격적 권리입니다. 저작물에 자신의 이름을 표시하고, 저작물을 변경할 때 본인의 동의를 얻도록 하는 권리로 공표권, 성명표시권, 동일성유지권이 있습니다. 저작인격권은 인격적 권리라서 누군가에게 양도하거나 상속할 수 없다는 특징이 있습니다. 그래서 저작자로부터 저작재산권을 양도받았다고 하더라도 저작인격권은 양도되지 않고 저작자에게 여전히 남아 있습니다.

저작자는 자신의 저작물을 세상에 내놓을지 여부를 공표할 권리가 있습니다. 이것이 바로 공표권입니다. 영화를 보면, 시작할 때 시나리오작가와 영화감독의 이름이 나오는데요. 바로 이렇게 저작물에 저작자의 이름을 표시하도록 하는 권리가 성명표시권입니다. 음악 프로그램에서 가수가 노래를 부를 때 화면 하단에 작곡가, 작사가, 편곡자가 표시되는 것도 바로 이 성명표시권 때문입니다. 마지막으로 저작자는 저작물의 내용, 형식 등의 동일성을 유지할 권리(동일성유지권)를 가집니다. 따라서 저작물을 수정하거나 편집, 변경할 때는 동일성유지권에 대한 허락이 필요합니다. 예를 들어 드라마를 리메이크하거나 웹툰을 드라마로 만들 때 원저작물에 수정 및 변경이 발생하면, 저작자의 동일성유지권이 문제가 될 수 있기 때문에 반드시 원작자의 허락이 필요합니다.

저작재산권이란 저작자가 저작물을 배타적으로 이용할 수 있는 재산적 권리입니다. 저작자는 이 재산적 권리를 다른 사람에게 이용하도록 허락해줄 수도 있고, 양도할 수도 있습니다. 저작재산권은 복제권, 공연권, 공중송신권 등 일곱 가지의 권리가 모여 있습니다. 이 권리 중 하나만 따로 떼어서 다른 사람에게 이용 허락을 해줄 수도 있고, 전체 권리를 묶어서 이용 허락을 해줄 수도 있습니다.

저작물을 그대로 복제하거나 베끼는 경우 복제권이, 인터넷에서 파일을 다운로드받거나 공유할 경우 공중송신권이 문제가 됩니다. 또 저작자는 자신의 저작물을 변형, 수정해서 다른 저작물을 작성하여 이용할 권리를 가지는데, 이것이 바로 2차적저작물작성권입니다. 한글로 쓴 소설을 외국어로 번역하거나, 노래를 편곡해서 새로운 스타일의 노래를 만들거나, 웹툰을 각색해서 웹소설로 만들거나 영상으로 만드는 것 모두 2차적저작물이며, 이를 문제없이 진행하기 위해서는 2차적저작물작성권이 필요합니다.

얼굴에도 권리가 있다

제 아이는 얼마 전부터 아이돌 그룹에 푹 빠져 앨범을 사고, 유튜브에서 관련 영상을 찾아보고 춤도 따라 추는 등 그야말로 아이돌의 '찐팬'이 되어가고 있습니다. 아이를 따라 아이돌 팬 문화를 보니 콘서트나 행사에 따라가 아이돌 사진을 직접 찍어서 소장하는 경우가 많고, 그중 잘 나온 사진은 포토카드로 제작하여 친구들에게 나누어주거나 중고거래 사이트에서 거래도 한다고 합니다.

아이가 좋아하는 아이돌의 사진을 촬영하고, 아이돌의 사진으로 기념품을 만드는 것이 무슨 문제일까, 생각할 수 있겠지만 아이돌의 사진에는 '초상권'이라는 법적 문제가 얽혀 있습니다. 그렇다면 사람의 얼굴에는 어떤 권리가 있는지와 어떤 점을 조심해야 하는지 살펴보겠습니다.

초상권이란?

초상권은 자신의 모습이 동의 없이 함부로 촬영되거나 공표되지 않을 권리를 의미합니다. 따라서 나도 모르는 사이 누군가에게 촬영되어 SNS나 유튜브 영상에 내가 등장하게 된다면 초상권 침해 문제를 제기할 수 있습니다. 요즘에는 특히 개인이 촬영한 영상 혹은 사진을 유튜브나 SNS에 게시하는 사례가 많아지면서 초상권 침해는 누구에게나 발생할 수 있는 문제가 되었습니다. 자녀가 월드컵 예선전 거리 응원전에 나섰다가 어떤 유튜버의 영상에 촬영되어 유튜브 채널에 게시된다면, 이는 자녀의 초상권이 침해된 것입니다.

그리고 얼굴이 모두 노출되지 않았더라도 얼굴의 일부, 체격, 머리카락, 옷차림 등 주위 사정을 통해 누구인지 알아볼 수 있다면 초상권 침해에 해당할 수 있습니다. 예를 들어 누군가가 제 사진에서 얼굴 부분을 다른 사람의 얼굴로 대체하였더라도 누군가가 사진에 남아 있는 제 모습을 보고 저라는 것을 알아볼 수 있다면, 저는 여전히 초상권 침해를 주장할 수 있습니다. 초상권이 침해되었는지 판단하는 기준은 신체의 어떤 특징이든지를 통해 누구인지를 식별할 수 있는지가 가장 중요하기 때문입니다.

그러므로 자녀의 얼굴이 나오든 나오지 않든 자녀의 교복, 헤어스타일 등에 특이점이 있어서 다른 사람이 그 장면을 보고 자녀라는 것을 알아볼 수 있을 정도의 모습이 노출된 사진을 누군가가 사용했다면 초상권 침해입니다. 반대로, 자녀가 누군가가 알아볼 수 있을 정도로 특정되어 찍힌 사진이나 영상을 그대로 사용한다면 그 사람의 초상권을 침해하게 될 수 있습니다.

초상권을 침해한 경우와 침해가 아닌 경우

초상권은 본인의 동의 없이 촬영되지 않을 권리, 또 촬영된 사진이 공표되지 않고 영리적으로 이용당하지 않을 권리를 모두 포함합니다. 따라서 누군가가 나의 허락 없이 내 얼굴이나 신체를 촬영하거나, 나의 허락 없이 내 사진을 다른 사람의 SNS에 올리거나, 내 사진을 광고와 같이 영리적인 목적으로 사용할 경우 모두 초상권 침해가 될 수 있습니다. 이는 공개된 장소에서 촬영되더라도 마찬가지입니다.

> **사례** 수업 시간 중 엎드려 자고 있던 철수에게 선생님이 잠에서 깨어나 수업에 집중하라고 꾸지람을 하였습니다. 철수는 짜증을 가라앉히지 못하고 소리를 지르며 선생님에게 대들었고, 선생님은 철수의 자리로 가 자신의 자로 철수의 등과 손등을 내리쳤습니다. 같은 반 친구인 영희는 이 상황을 몰래 스마트폰으로 촬영해서 SNS에 업로드하였습니다.

위 사례에서 영희는 선생님과 철수 몰래 촬영을 해서 SNS에 동영상을 올렸습니다. 이러한 행동은 선생님과 철수에 대한 초상권 침해가 성립할까요? 그렇습니다. 영희가 증거를 수집할 목적이었다 하더라도 당사자의 동의 없이 동영상을 촬영하고, 그 동영상을 SNS에 올렸기 때문에 초상권 침해가 될 수 있습니다.

그러나 사안에 따라서는 당사자의 허락 없이 동영상을 촬영해도 초상권 침해가 인정되지 않는 경우도 있습니다.

사례 층간소음으로 다툼이 있던 이웃 사이에서 폭행 사건이 발생하였고, 누군가가 그 폭행 장면을 스마트폰으로 촬영하였습니다. 그리고 아파트의 관리소장에게 그 동영상을 보냈습니다.

이 사례에서도 당사자의 동의를 받지 않고 촬영한 뒤 그 동영상을 다른 사람에게 보냈으므로 초상권 침해가 될 수 있습니다. 그러나 상황을 조금 더 자세히 들여다보면, 폭행 상황에 대한 증거를 급하게 수집, 보전하기 위해서 동영상을 촬영한 것이고, 촬영한 동영상을 이 상황에 대해 알아야 할 필요가 있는 아파트의 관리소장에게만 보냈습니다. 이에 따라 그 동영상이 여기저기 퍼진 것도 아니므로 촬영된 사람이 동영상으로 인해 손해를 보았다고 볼 수 없습니다. 이처럼 어쩔 수 없이 급한 사정이 있어서 피촬영자의 동의 없이 동영상이나 사진이 촬영되었고, 그로 인해 그 사람이 손해를 입은 것도 아니라면 동의를 받지 않고 동영상이나 사진을 촬영했더라도 초상권 침해가 성립하지 않을 수 있습니다.

이와 마찬가지로 첫 번째 사례에서 영희가 교사의 체벌 장면을 몰래 촬영하였다고 하더라도 그것이 급하게 증거를 수집할 필요에 의한 것이었고, 그 동영상을 경찰에 제출하는 용도로만 사용하였다면 초상권 침해에 해당하지 않을 수 있습니다.

따라서 자녀가 의도치 않게 다른 사람의 초상권을 침해한 경우 그 촬영의 이유나 의도에 합목적성(사회가 추구하는 가치 혹은 목적에 부합하는지를 판단하는 기준)이 있는지, 촬영의 내용이 증거의 수집, 보전인지, 그 촬영으로 인해 피촬영자가 손해 본 것이 없는지 등의 사정을 살펴볼 필요가 있습니다.

사례 영희는 SNS에 일상 사진을 업로드해왔는데, 그중 자신이 교복을 입은 일부 사진이 모르는 사람의 SNS에 게시된 것을 발견하였습니다. 해당 SNS에는 영희뿐만 아니라 10대 여학생들의 교복 입은 사진이 다수 게시되어 있었고, "꽉 찬 글래머 핫한 몸매"라는 글도 함께 기재되어 있었습니다.

이 사례의 경우, 사진에 영희의 얼굴이 전부 드러나 있지 않더라도 누구인지 특정할 수 있을 정도로 촬영된 사진이라면 초상권 침해가 성립할 수 있습니다. 얼굴에서 코, 빰 정도만 보여주더라도 그러합니다. 또한 업로드한 사진과 함께 성적인 언어를 사용했다면 명예훼손이 성립하는지도 살펴볼 필요가 있습니다.

초상권이 침해된 경우 대처 방법

살면서 초상권을 침해당할 일이 얼마나 있을까 싶지만, 누구나 영상과 사진을 찍을 수 있는 요즘 세상에서는 언제나 내 초상권이 침해당할 수 있습니다. 그렇다면 내 자녀가 초상권을 침해당했을 때는 어떻게 대처해야 할까요?

촬영자나 공표자에게 중지 요청하기

초상권이 침해당했을 때는 먼저 촬영자나 공표자에게 초상권이 침해된 사진이 올라간 게시글에 관해 중지 요청을 해야 합니다. 요즘은 누구나 스마트폰을 가지고 있기 때문에 촬영도 쉽고, 그 촬영물이 퍼져나가는 것도 순식간입니다. 따라서 개인이 촬영한 것에 불과하더라도 포털 사이트나 SNS 등에서 자신의 초상권이 침해된 촬영물을 발견했다면 일단 초상권 사용 중지를 신속하게 요청하는 것이 피해를 최소화하는 방법입니다. 만약 미성년자인 자녀가 스스로 초상 사용에 동의한 경우라도 미성년자는 부모의 동의 없이 혼자서 유효한 법률행위를 할 수 없으므로 부모가 자녀의 동의를 취소할 수 있습니다.

방송통신위원회나 언론중재위원회에 도움 요청하기

방송통신위원회는 정보통신망을 통하여 초상권과 같은 기본권을 침해하는 정보에 대해 삭제, 접속 차단 등의 조치를 취하고 있습니다. 따라서 피촬영자의 동의를 구하지 않고 유튜브나 아프리카 TV 등 인터넷 방송에 영상이 공표된 경우에는 방송통신위원회의 심의를 거쳐 해당 영상을 삭제할 수 있습니다. 권리침해정보 심의 신청 시, 촬영된 사람 본인이 해당 영상의 URL과 권리침해를 입증할 수 있는 자료를 첨부하여 신청서를 제출해야 합니다.

만약 신문, 방송 등 언론에 자녀의 얼굴이 무단으로 노출되었을 때에는 언론중재위원회의 조정 절차를 이용할 수 있습니다. 언론중재위원회 홈페이지(pac.or.kr)에 게재된 '언론조정신청서' 양식을 다운로드받아서 언론사의 정보, 조정 대상에 대한 정보, 정정보도나 손해배상을 원하는지 등의 내용을 기재한 후 홈페이지에 업로드하거나(전자신청) 이메일, 우편으로 제출하면 됩니다. 언론중재위원회의 조정 절차는 비용이 들지 않고, 위원 대부분이 언론사와 피해자 사이의 합의를 유도해서 빠른 시일 내에 분쟁이 마무리될 수 있다는 장점이 있습니다.

손해배상을 받고 싶다면 민사소송 제기하기

초상권 침해로 인한 손해배상은 '위자료'의 성격을 가집니다. 이때 위자료는 정신적 고통에 대한 손해배상을 의미합니다. 법원에서는 초상권 침해로 인한 위자료 액수를 산정하기 위하여 여러 사정을 참작합니다. 대표적으로 초상이 이용된 목적(상업적인 목적인지 여부), 초상이 게시된 기간, 초상이 어느 정도로 이용되었는지(식별이 충분히 가능한지 여부), 초상을 어떻게 이용하였는지(온라인에 게재한 것인지 여부) 등입니다.

사례 고등학생인 영희는 쌍꺼풀 수술을 받았는데 그 당시 치료 목적으로 필요하다는 설명을 듣고 수술 전후 사진을 촬영하였습니다. 그 후 병원은 블로그에 영희의 수술 전후 사진과 함께 "평소 저는 작은 눈이 콤플렉스였어요. 이번 기회에 또렷하고 큰 눈으로 이미지를 바꿔보고자 눈매 시술을 결심했습니다"라는 내용으로 마치 환자 본인이 작성한 것처럼 거짓 수기를 게시하였습니다.

이 사례에서 수술 전후의 얼굴 사진은 그 특성상 공표될 경우 초상권, 사생활의 비밀과 자유, 명예가 침해되었다고 볼 수 있습니다. 따라서 영희는 성형외과를 상대로 손해배상을 청구할 수 있습니다. 법원은 이와 유사한 사례에서 성형 전후 사진을 게재한 성형외과에 위자료 1,000만 원을 인정하기도 하였습니다.

이때 한 가지 짚고 넘어가야 할 점은 초상권 침해로 형사고소를 할 수는 없다는 것입니다. 저작권 침해와 달리 우리 법에 초상권 침해에 대한 형사처벌 조항은 없기 때문입니다.

아이와 함께 생각해보기

엄마가 자녀의 일상을 SNS에 공유하는 것도 문제가 될까?

자녀의 일상을 SNS에 공유하는 것을 소위 '셰어런팅(Sharenting)'이라고 합니다. 공유를 뜻하는 'Share'와 양육을 뜻하는 'Parenting'의 합성어로, 요즘의 육아 문화로 자리 잡았습니다.

그러나 셰어런팅은 부모가 자녀의 모습을 SNS에 올리는 행위를 통해 자녀의 초상권을 침해하고 더 나아가 범죄에 악용될 수 있다는 점에서 우려의 목소리가 높습니다. 실제로 일부 해외 국가에서는 부모가 자녀의 동의 없이 자녀의 사진을 SNS에 올리는 것을 법적 책임의 대상으로 취급하고 있습니다. 우리나라에서도 셰어런팅에 대한 법이 필요하다는 논의가 이루어지고 있습니다.

부모가 자녀의 동의 없이 SNS에 자녀의 사진을 게시해도 되는 것인지, 동의를 받아야 한다면 자녀의 연령은 어느 정도가 되어야 하는지, 자녀가 성인이 된 후 게시물을 삭제해 달라고 요구할 권리가 있는지 등에 대하여 아이와 이야기를 나누어보세요.

초상권이 더 궁금한 사람을 위한

Q&A

Q 연예인이나 유명인의 사진을 이용하여 SNS에 사칭 계정을 만드는 것도 문제가 되나요?

초상권은 함부로 초상이 공표되지 않을 권리를 포함하므로 연예인이나 유명인의 사진을 당사자의 동의 없이 SNS에 업로드하는 것은 초상권 침해가 됩니다. 그러나 누군가를 사칭하는 계정을 만드는 것 자체는 현행법상 처벌 규정이 없습니다. 다만, 타인의 사진을 프로필 사진으로 업로드하여 타인을 비방할 목적으로 타인의 명예를 훼손한 경우에는 정보통신망법(정보통신망 이용촉진 및 정보보호 등에 관한 법률)에 따라 명예훼손이 문제가 되고, 타인을 기망하여 금전적 이익을 취하면 사기에 해당할 수 있습니다.

Q 같은 반 친구의 사진을 SNS 프로필 사진으로 사용해도 될까요?

친구의 허락을 받지 않고 친구의 사진을 본인 SNS 프로필로 사용하는 것은 초상권 침해에 해당합니다. 만약 이런 상황에 처해 있다면 사진 이용을 중단할 것을 요청해야 합니다. 다만, 이를 상업적으로 사용하지 않았다면 프로필 사진 사용으로 인한 손해배상청구는 어려울 수 있습니다.

Q 다른 사람의 초상권을 침해하지 않으면서 사진이나 영상을 사용하려면 어떻게 해야 하나요?

사진이나 영상을 보고 누구인지 알아보지 못할 정도라면 초상권 침해가 아닙니다. 그러므로 모자이크 처리하거나 블러 처리를 하는 등 누구인지 알아볼 수 없을 정도로 사진이나 영상을 편집한다면 촬영된 사람의 동의 없이 사진이나 영상을 사용할 수 있습니다.

퍼블리시티권

초상권과 비슷하지만 다른 개념으로 '퍼블리시티권(The Right of Publicity)'이 있습니다. 초상권은 누구에게나 인정되는 권리이고, 퍼블리시티권은 '유명인'에게 인정된다는 점에서 차이가 있습니다. 화장품을 광고할 때 제 얼굴을 모델로 쓰는 것과 BTS의 얼굴을 모델로 썼을 때 효과는 분명히 다를 것입니다. 이처럼 개인의 초상이나 성명 등이 가지는 재산적인 가치에 초점을 맞춘 권리를 퍼블리시티권이라고 합니다.

처음에는 미국에서 연예인이나 운동선수 등을 위해서 인정한 개념인데, 최근 우리나라의 부정경쟁방지법(부정경쟁방지 및 영업비밀보호에 관한 법률)에서도 그 개념을 도입하였습니다. 그러므로 SNS 등에서 유명인의 얼굴을 무단으로 이용해서 광고할 경우, 초상권뿐만 아니라 퍼블리시티권도 문제될 수 있다는 점을 기억하세요.

말에는 책임이 따른다

제 자녀는 만화나 그림을 그리는 온라인 카페의 회원으로 활동하면서 회원들 사이에서 캐릭터 그림을 주고받곤 하였습니다. 어느 날 온라인 카페에 한 회원의 그림이 제3자의 그림체를 모방하였다는 글이 게재되었고, 다수의 회원이 사실관계가 제대로 밝혀지지 않은 채로 모방자를 비난하는 글을 게재하였습니다. 제 자녀도 모방자를 "저작권 침해자"라고 운운하며 사과를 요구하는 글을 게시하였습니다.

이처럼 다른 사람에 대한 게시물을 쓰거나 댓글을 달 때 발생할 수 있는 문제가 '명예훼손'과 '모욕'입니다. 그렇다면 어떤 경우에 명예훼손이나 모욕이 성립되는지, 온라인상에서 어떤 점을 조심해야 하는지 살펴보겠습니다.

명예훼손, 모욕이란?

여러 사람에게 '사실' 또는 '허위 사실'을 이야기해서 다른 사람의 '명예'를 훼손하거나, 인터넷, SNS 등에 다른 사람의 명예를 훼손하는 글을 올려 여러 사람이 볼 수 있게 하는 행위를 명예훼손이라고 합니다. 또 여러 사람에게 누군가를 모욕하거나 경멸하는 말을 하거나, 인터넷, SNS 등에 이러한 글을 올려 여러 사람이 볼 수 있게 하는 행위를 모욕이라고 합니다.

신종 코로나바이러스 감염증(이하 코로나19) 이후 인터넷 공간에서 익명 속에 숨어 의견을 표현하는 일이 많아지면서 SNS에 올리는 게시글과 댓글 속에서 인터넷 명예훼손과 모욕죄로 문제가 되는 경우가 많아졌는데요. 언뜻 보면 비슷한 것 같은 명예훼손과 모욕, 이 두 단어의 차이를 한번 알아보겠습니다.

사례 철수는 온라인 게임을 하던 중 '촉'이라는 닉네임을 사용하는 자와 감정이 좋지 않다는 이유로 게임을 하는 불특정 다수가 볼 수 있는 채팅창에 "촉, 빼꺼, 대머리"라는 내용의 글을 올렸습니다.

이 사례에서 '촉, 빼꺼, 대머리'라는 표현은 모욕일까요, 아니면 명예훼손에 해당할까요? 법원은 그 표현 자체가 상대방의 사회적 가치나 평가를 저하하고, 충분한 구체적 사실을 드러냈다고 보기는 어려워 명예훼손에는 해당하지 않는다고 보았습니다. 다만, 상대방에게 경멸적 감정을 표현하여 모욕을 주기 위해 사용한 표현일 수는 있겠다고 판단하였습니다(수원지방법원 2010고정3887 판결).

위와 같은 판단이 내려진 이유는 '촉'이 닉네임에 불과하고, '빼꺼'는 평소 직장 동료 사이에서 머리가 벗겨진 사람, 즉 대머리를 지칭하는 의미로 사용해 온 은어로 일반적으로 통용되는 표현이 아니었기 때문입니다. 또한 그 표현을 하게 된 경위나 의도를 봤을때 상대방을 직접 대면하거나 사진 혹은 영상을 통해서 상대방의 모습을 본 적이 없고, 인터넷이라는 사이버 공간의 게임 상대방으로서만 접촉하였을 뿐인 사정 때문입니다.

이처럼 명예훼손과 모욕은 구체적인 사실을 드러내어 사회적 가치나 평가를 저하하는지의 여부로 구분할 수 있습니다. 구체적인 사실을 이야기해서 그 사람에 대한 사회적 평가가 낮아진다면 명예훼손이 성립되고, 단순히 욕설이나 경멸적 표현이 사용된 경우에는 모욕이 성립합니다.

명예훼손, 모욕죄가 성립하는 경우

이번에는 명예훼손과 모욕죄가 각각 어떤 경우에 성립하는지 함께 살펴보겠습니다.

타인의 명예를 훼손하는 경우

명예훼손은 사람에 대한 '사회적 가치나 평가'를 저해하는 것을 의미합니다. 정확히 타인의 명예를 훼손하려면 어느 정도 수위의 언행이 문제가 되는 것일까요?

사례 철수는 같은 반 친구인 영수가 목소리가 가늘고 체구가 작은 점을 놀리다가 영수가 게이일지도 모른다고 생각하고 SNS에 수차례 영수가 게이라는 글을 게재하였습니다.

과거에는 아이들이 친구들의 신체적 특징을 언급하거나 놀리는 것을 장난으로 치부해왔습니다. 하지만 위 사례에서는 명예훼손이라는 범죄로 비화될 수 있는 심각한 문제로 보입니다. 철수가 게시한 글은 허위 사실이기도 하지만, '게이'에 대한 우리나라의 사회적 평가가 아직까지 부정적이기 때문입니다.

이와 유사하게, 피해자가 동성애자가 아니었음에도 불구하고 수차례 피해자가 동성애자라는 내용의 글을 온라인상에 게재한 사건에서 법원은 이를 명예훼손으로 판단하고, 벌금 200만 원을 선고하였습니다(대법원 2007도5077 판결). 우리 사회에서 자신이 스스로 동성애자라고 공개적으로 밝히는 경우 사회적으로 상당한 주목을 받는 점, 피해자를 괴롭히기 위하여 글을 게재한 사정 때문입니다.

어떠한 표현이 명예훼손인지에 대한 여부는 우리 사회가 그 표현에 대해 어떻게 생각하고 어떻게 평가하는지에 따라 판단해야 합니다. 따라서 일반적으로 많은 사람이 그런 말을 들으면 특정인의 사회적 평가가 저하되었다고 판단할 정도의 수위라면 명예훼손죄가 성립할 수 있습니다.

구체적 사실을 적시하여 사회적 평가나 가치를 저하하는 경우

명예훼손이 성립하기 위해서는 '사실의 적시'가 있어야 하고, 적시된 사실은 특정인의 사회적 가치나 평가가 침해될 가능성이 있을 정도로 구체성을 띠어야 합니다. 만약 사실을 이야기한 것이 아니라 나의 의견만 말한 경우에는 명예훼손이 성립하지 않습니다.

예를 들어, 자녀가 다니는 영어 학원에 대해 “아이들 관리를 제대로 못하는 것 같다”라는 말은 나의 의견 또는 영어 학원에 대한 평가입니다. 이런 말을 했다고 해서 영어 학원이 내가 명예훼손을 했다며 추궁할 수는 없습니다. 그런데 “원어민 수업을 하기로 했는데 원어민이 아니라 한국인이 수업을 하더라”고 했다면 이 부분은 의견이나 가치판단이 아니라 참인지, 거짓인지를 가릴 수 있는 ‘사실’의 영역입니다. 영어 학원에 다니는 사람에게 물어보거나 당장 영어 학원에 가서 확인해보면 사실인지 거짓인지 알 수 있기 때문입니다. 그러므로 그러한 사실을 말하면서 “원어민이 가르치지 않으니 저 학원은 이 동네 영어 학원의 수준을 떨어뜨린다”고 한다면 이것은 명예훼손이 될 수 있습니다.

사례 영어 선생님인 영희 씨는 학교의 공식 SNS에 교장선생님이 정신과를 다니고 있고, 교사의 퇴직금을 전용(轉用)하거나 학교 재산을 유용(流用)하는 등 부당한 업무 집행을 하고 있다고 의혹을 제기하였습니다.

위 사례에서 SNS에 게시된 의혹들은 구체적인 ‘사실’을 적시했기 때문에 교장선생님이 사회로부터 받는 객관적인 평가를 침해하는 명예훼손에 해당한다고 볼 수 있습니다. 특히, 정신과에 다녔다는 사실은 지극히 개인의 신상에 관한 것으로 학교 운영에 관한 공공의 이익을 위한 발언으로 보이지 않습니다.

사례 철수는 수년간 열심히 준비하여 영재고등학교에 합격하였습니다. 그런데 어느 날 학교에 전학생이 오게 되었는데 이 전학생은 고등학교에서 실시하는 입학 전형을 따르지 않고 특례 입학을 통해 전학을 왔습니다. 철수는 전학생이 학교의 입학 전형에 미달하는 수준임에도 불구하고 기부금을 내고 입학하였다는 취지의 글을 SNS에 게시하였습니다.

위 사례에서도 철수가 전학생에 대해 입학 전형에 따르지 않은 특례 입학이라는 구체적 사실을 통하여 부정 입학이라는 부정적인 평가를 하였으므로 명예훼손에 해당합니다.

이와 마찬가지로 자녀가 친구들과 SNS에서 대화를 하다가 담임선생님에 대해 '선생님이 전 학교에서 학생을 체벌하여 징계를 받았다' '선생님이 전 학교에서 금품을 받아 성적을 조작하였다'는 사실을 유포한 경우 구체적인 사실을 적시하여 선생님의 객관적인 평가를 침해했기 때문에 명예훼손에 해당할 수 있습니다. 그 사실이 진실에 부합하는지, 허위인지는 명예훼손의 성립에 영향이 없습니다. 허위 사실일 경우 가중처벌될 뿐입니다.

명예가 훼손되는 피해자가 누구인지 특정되는 경우

명예훼손은 누구의 명예가 훼손되는 것인지 특정이 되어야 합니다. 만일 자녀가 인터넷 게시판에 두루뭉술하게 명예훼손 발언을 했다면, 피해자가 특정되었는지 짚고 넘어가야 합니다.

사례 영희는 다음 두 가지 내용의 글을 자신의 블로그와 SNS에 각

각 게시하였습니다.

• "강남구 A 학교 선생님들은 수업 시간에 자습만 시켜 혈세를 낭비하는 기생충이다"라는 글을 자신의 블로그에 게재하였습니다.

• 피해자의 이름을 직접적으로 언급하지는 않으나, 강남구 전교조 교사들이 학생들을 선동하여 무단으로 하교하도록 만들었다는 내용의 게시물을 SNS에 업로드하였습니다.

영희가 올린 첫 번째 글에서 강남구 A 학교는 어디인지 알 수가 없다는 점에서 피해자가 드러나지 않아 명예훼손에 해당하지 않습니다. 그러나 만약 강남구에 있는 여자고등학교 중 연예인 X를 배출한 학교라고 하였다면 어느 학교인지 알 수 있을 정도이므로 명예훼손이 될 수 있습니다. 두 번째 게시물에서도 강남구 전교조 교사들이 누구인지 알기 어렵다는 점에서 명예훼손이 문제되지 않습니다. 서울시민 또는 경기도민과 같은 막연한 표시로는 명예훼손죄가 성립하지 않기 때문입니다. 그러나 만약 강남구에서 전교조에 속한 교사가 몇 명으로 특정되고 그 집단의 규모가 작다면 소속 교사들 모두에 대한 명예가 훼손되었다고 판단할 가능성이 있습니다.

자녀가 유튜브 채널을 운영하면서 누군가를 저격하는 영상을 올렸다고 가정해보겠습니다. 자녀는 영상에서 저격한 사람의 이름이나 신상을 말하지 않았습니다. 하지만 영상 속에 공개된 SNS 계정이나 정보를 통해 상대방이 누구인지 알 수 있다면, 이 경우에는 자녀가 타인의 명예를 훼손했다고 판단되어 유튜브로부터 게시물 삭제 등의 제재를 받을 수 있습니다. 그뿐만 아니라 법적으로 형사상 처벌을 받을 수도 있습니다.

온라인에서의 명예훼손: '비방할 목적'이 있는 경우

인터넷 게시판에서 누군가를 비방하고, 험담하면 그 전파 속도에 비추어 볼 때 오프라인보다 피해가 더 커질 수 있겠죠. 그래서 우리 법은 인터넷에서 사실 또는 거짓을 적시해서 다른 사람의 명예를 훼손하면 정보통신망법에 따라 일반적인 명예훼손보다 더 무겁게 처벌하되, 다른 사람을 비방할 목적이 인정되어야 한다는 요건을 두었습니다. 다만 적시한 내용이 거짓이 아니거나 공공의 이익에 관한 것인 경우에는 비방할 목적이 없다고 보아 온라인에서의 명예훼손이 성립하지 않을 수 있습니다.

사례 고등학생인 영희는 '대치동 수능 일타강사 허위 학력 논란'이라는 기사를 보고, 기사 속의 강사가 논란에 대한 명확한 해명을 하지 않고, 여전히 학생들을 대상으로 강의하는 것은 옳지 않다고 생각하였습니다. 이에 영희는 인터넷 사이트에 '그 강사가 학력을 속여 퇴출되었음에도 불구하고, 학생과 학부모에게 사과나 해명도 하지 않고 계속 강사 일을 하는 행위를 용서할 수 없다'라는 글을 게시하였습니다.

위 사례는 구체적인 사실을 적시하였으므로 명예훼손이 성립할 수 있으나, 영희가 강사를 비방하기 위한 것이 아니라 공공의 이익을 위해서 그 강사에 관한 사실을 알리고자 글을 작성한 것이라고 볼 수 있습니다. 때문에 이런 경우에는 정보통신망법에 따른 명예훼손으로 처벌받지 않을 수 있습니다.

그렇다면 아래 사례처럼 작성자의 의견이나 평가가 포함된 '후기'는 어떨까요?

> **사례** 영희는 단과 학원을 다니면서 영어, 수학 등 주요 과목을 수개월 동안 수강하였습니다. 그리고 수험과 관련된 유명 인터넷 카페, 자신의 블로그 등에 자신이 직접 겪은 불편사항을 후기 형태로 게시하였습니다.

인터넷 후기는 인터넷으로 검색하는 불특정 다수가 확인할 수 있는 정보라는 점에서 파급력이 큽니다. 실제로 후기의 대상이 된 업체들은 부정적인 후기 때문에 억울함을 호소하는 경우도 많습니다.

그러나 허위 사실을 적시하지 않는 한, 후기로 작성된 게시글은 명예훼손죄가 성립하지 않는 경우가 많습니다. 후기 글은 정보를 구하고자 하는 다른 이용자들의 의사결정에 도움이 되는 정보 및 의견 제공을 하는 경우가 많으므로, 누군가를 비방할 목적으로 작성되었다기보다는 공공의 이익에 관한 것이라고 볼 수 있기 때문입니다.

따라서 자녀가 제품이나 서비스에 대한 후기를 게시한 목적이 상대방으로부터 대금을 환불받겠다는 개인적인 이유가 아니고, 허위 사실을 적시한 것이 아니라면 다른 이용자들에게 도움이 되는 정보일 수 있으므로 명예훼손죄가 되지 않는 경우가 많습니다.

공공연하게 이루어지는 경우

명예훼손죄가 성립하기 위하여는 명예에 대한 침해가 '공연히' 또는 '공공연하게' 이루어져야 합니다. '공연히' 또는 '공공연하게'

는 사전적으로 "세상에서 다 알 만큼 뚜렷하고 떳떳하게" "숨김이나 거리낌이 없이 그대로 드러나게"라는 뜻입니다. 이처럼 공공연하게 명예가 훼손되는 경우에만 명예훼손이라고 보는 이유는 사회에 명예훼손 사실을 퍼뜨린 행위만을 처벌하고, 개인의 표현의 자유를 지나치게 제한하지 않기 위해서입니다.

다만, 한두 사람에게 이야기했더라도 그 상대방이 불특정 또는 여러 사람에게 그 사실을 전파할 가능성이 있는 때에는 공연성이 인정될 수 있습니다. 그래서 일대일로 메시지를 보내거나 카카오톡 단체 대화방에서 누군가를 험담했을 때에도 사안에 따라 명예훼손죄가 될 수 있습니다. 예를 들어 모르는 사람 한 명에게 누군가를 험담한 경우라 하더라도, 그 사람이 다른 사람에게 험담을 전파할 가능성이 있다면 명예훼손죄가 될 수 있습니다. 그러나 정말 친한 친구 한 명에게 누군가를 험담했고, 그 친구가 나를 위해 비밀을 지킬 수 있다면 이 친구는 다른 사람에게 험담을 전달하지 않을 가능성이 큽니다. 이런 경우는 '공연성'이 인정되지 않아서 명예훼손죄가 되지 않습니다. 이처럼 여러 사람에게 험담을 했을 때뿐만 아니라 한 명의 수다스러운 사람에게 험담을 했을 때에도 명예훼손이 될 수 있음을 기억하세요.

사실 적시는 아니지만 사회적 평가를 저하하는 경우

앞서 살펴본 명예훼손과 달리 모욕은 사실을 적시하지 않더라도 경멸감을 표현해서 상대의 사회적 평가를 저하할 수 있는 말을 하면 성립될 수 있습니다. 구체적인 사실을 포함하고 있지 않은 비속어나 일반적으로 사람들이 들었을 때 기분이 상하는 말들은 모욕이 될 수 있습니다. 이처럼 구체적인 사실이 드러나지 않더라도 모욕이 되는 것입니다.

사례 • 철수는 SNS를 통하여 친구뿐만 아니라 잘 알지 못하는 사람들과도 소통을 활발하게 하는 편입니다. 어느 날, 한 게시글에서 사소한 다툼이 있었고, 댓글과 대댓글이 계속해서 올라오는 상황이었습니다. 그러다가 철수가 누군가에게 "님은 친구도 별로 없죠? 딱 봐도 그렇네"라고 댓글을 달았더니 "병신, 웃기고 있네"라는 대댓글이 달렸습니다.

• 영수는 수업 시간에 졸려 엎드려 자고 있다가 선생님이 깨워 일어날 수밖에 없었습니다. 짜증이 난 영수는 선생님을 향해 "아씨, 별거지 같은 게 다 깨우고 지랄이야, 씨팔"이라고 소리를 쳤습니다.

첫 번째 사례에서 상대방은 철수에게 욕설을 통해 경멸감을 표현한 것이므로 철수는 이를 모욕죄로 문제 삼을 수 있습니다. 철수나 상대방이 미성년자라고 하더라도 법적 조치를 취할 수 있습니다.

또한 이와 같은 경멸감의 표현은 욕설에 한정되지 않습니다. 누군가를 경멸하거나 비하하는 표현이라면 충분합니다. 법원에서는 '국민첫사랑'이라는 수식어로 불리며 대중적 인기를 누려온 연예인에 관한 기사에 "그냥 국민호텔녀"라고 댓글을 게시한 것도 모욕에 해당한다고 보았습니다(대법원 2017도19229 판결). '국민호텔녀'라는 단어가 연예인이 대중에게 호소하던 청순한 이미지와 반대의 이미지를 암시하면서 성적대상화하는 방법으로 연예인을 비하하며, 당사자의 사회적 평가를 저하할 만한 모멸적인 표현으로 보았기 때문입니다.

따라서 자녀가 인터넷 공간이나 SNS에 누군가를 경멸하는 욕설, 비하하는 표현을 사용한다면 모욕죄로 문제가 될 수 있습니다. 이러한 문제는 SNS뿐만 아니라 실제 교실에서도 빈번히 발생합니다. 두 번째 사례에서 영수는 선생님에게 욕설과 반말을 함으로써 경멸감을 표현하고, 선생님의 사회적 가치를 훼손하였으므로 모욕죄가 성립합니다.

그러나 자녀의 발언이 상대방을 불쾌하게 할 수 있는 말이더라도 객관적으로 상대방의 인격적 가치에 대한 사회적 평가를 저하할 만한 모욕적 언사에 해당하지 않는다면 모욕죄에 해당하지 않을 수 있습니다. 실제로 언쟁을 하다가 "야, 이따위로 일할래" "나이 처먹은 게 무슨 자랑이냐"라고 말한 경우라든지(대법원 2015도2229 판결), "부모가 이런 식이니 자식도 그런 것이다"라고 말한 경우에 모욕죄가 아니라고 판단한 경우가 있습니다(대법원 2006도8915 판결).

명예훼손이나 모욕을 당했을 때 대처 방법

명예훼손, 모욕에 대한 법적 조치로는 크게 가해자의 처벌을 요구하는 형사고소와 손해배상을 청구하는 민사소송으로 나누어 볼 수 있습니다. 그중 민사소송은 상당한 시간과 비용이 소요될 가능성이 크고, 법원이 인정하는 위자료 액수 또한 크지 않을 가능성이 있기 때문에 실제로는 형사고소를 하는 경우가 훨씬 많습니다.

형사고소를 하는 경우에는 피의자(가해자)와 피해자의 정보(성명,

주소, 연락처 등), 사건 발생 일시, 장소 등을 기재하고 이 사건에 관한 증거자료(메신저 캡처, 녹음 파일 등)를 첨부하여 경찰에 제출하는 것이 좋습니다. 정보가 많고 증거자료가 풍부할수록 수사기관이 적극적으로 수사를 하고, 신속히 진행되기 때문입니다.

만약 가해자의 정보를 전부 알지 못하는 경우에는 가해자를 특정할 수 있는 이름, 전화번호 정도의 정보만을 제출해도 충분합니다. 온라인에서 사건이 발생한 경우에는 가해자의 이름을 모르더라도 가해자의 아이디나 닉네임만으로도 수사를 통해 가해자를 특정할 수 있습니다.

이와 같이 형사고소가 진행되어 명예훼손이나 모욕으로 인정되는 경우, 벌금형이 내려지는 경우가 가장 많습니다. 벌금 액수는 사실관계에 따라 달리 산정되지만 중하지 않은 사건인 경우, 적게는 50만 원부터 많게는 200만 원 정도에 이릅니다. 물론 초범이거나 그 위법의 정도가 중하지 않다면 기소유예 처분을 받기도 합니다.

한편 형사사건 절차 중 가해자와 피해자가 합의를 한다면 명예훼손, 모욕에 대한 형사사건은 공소권 없음으로 종결됩니다. 명예훼손은 반의사불벌죄, 모욕은 친고죄로 둘 다 피해자의 의사를 우선으로 살피기 때문입니다. 그래서 자녀가 명예훼손, 모욕을 당했을 때, 가해자 측은 사건을 신속하게 종결하기 위해 합의를 시도할 가능성이 큽니다. 이때 피해를 당한 자녀의 생각을 우선으로 하여 합의를 할지, 형사고소를 그대로 진행할지 결정하면 됩니다.

마지막으로, 네이버, 다음 등 주요 포털 사이트에는 명예훼손, 모욕에 대한 권리구제 사이트가 마련되어 있습니다. 그러므로 명예훼손, 모욕의 피해를 당하는 경우 형사고소를 진행하면서 명예훼손과 모욕이 발생한 온라인 게시물들에서 증거를 모두 수집한 후, 게시물이 게재된 사이트나 온라인 사업자에게 삭제 요청을 해야 합니다.

아이와 함께 생각해보기

표현의 자유는 어디까지 허용될까?

'민식이법'은 어린이보호구역에서 교통사고로 사망한 김민식 군 사건을 계기로 어린이보호구역 내 사고에 대한 처벌을 강화한 법령입니다. 그런데 민식이법으로 인한 처벌이 지나치게 강하다는 여론이 형성되면서 일부 네티즌들은 민식이법에 관한 온라인 기사나 게시글에 부정적인 댓글을 게시하였습니다. 이에 민식 군의 부모가 댓글 작성자들 수백 명에 대하여 명예훼손 또는 모욕죄로 고소하기에 이르렀습니다.

고소당한 대부분의 댓글은 민식 군의 부모에 대한 조롱, 비난, 경멸적 표현이었습니다. "부모가 자식을 앞세워 돈벌이를 한다" "부모가 오히려 사기꾼이다" 등의 표현이 그 예입니다. 그러나 댓글이 워낙 많다 보니 경멸감을 표현했는지 불분명한 수위 낮은 댓글들도 일부 포함되어 있어 무더기 고소 자체가 논란이 되기도 하였습니다.

수사기관은 그 댓글들에 대하여 표현의 구체적인 내용에 따라 '일부 혐의없음' 판단을 하였습니다만, 대체로 벌금형 이상의 처벌을 함으로써 혐의가 있다고 인정하였습니다.

어떠한 표현까지 표현의 자유로 허용되는지, 명예훼손, 모욕으로 처벌받아야 하는 표현은 어떠한지 등 표현의 자유의 한계와 명예훼손, 모욕에 대하여 아이와 이야기를 나누어보시기 바랍니다. 자녀들의 생각은 부모와 다를 수도 있습니다.

명예훼손, 모욕이 더 궁금한 사람을 위한

Q&A

Q 인스타그램 DM이나 카카오톡 등을 통하여 일대일로 타인에 대한 험담을 한 경우에도 명예훼손에 해당하나요?

원칙적으로는 공공연하게 타인의 명예를 훼손한 것이 아니기 때문에 명예훼손이 성립하지 않습니다. 그러나 한 명에게 사실을 유포하였더라도 그 사람이 불특정 또는 다수에게 전파할 가능성이 있다면 공연성의 요건을 충족합니다. 친구 한 명에게 비밀이라며 누군가에 대한 험담을 이야기하더라도 그 험담을 들은 친구가 다른 사람에게 그 이야기를 전파할 가능성이 있기 때문입니다.

Q 자녀가 SNS 상태 메시지에 자신의 생각이나 소신을 게시한 경우에도 명예훼손에 해당하나요?

명예훼손이 성립하기 위해서는 구체적인 사실 적시가 필요합니다. 그러나 상태 메시지는 글자수의 제한, 상태 메시지의 기능이나 역할 등을 봤을 때 구체적인 사실을 적시하지 않는 경우가 많습니다. 실제로 SNS 상태 메시지에 "학교폭력범은 접촉금지!!!"라는 글을 게시한 사례에서도 구체적인 사실 적시가 아니고, 학교폭력이 심각한 문제로 대두되는 우리 사회의 현실, 초등학생 자녀를 둔 부모의 지위 등을 고려해서 학교폭력 가해자에 대한 명예훼손이 성립하지 않는다고 보았습니다(대법원 2019도12750 판결).

Q 욕설을 하면 항상 모욕죄가 되나요?

욕설이 개인의 인격권을 심각하게 침해할 우려가 있거나 상대방의 인격을 허물어뜨릴 정도로 모멸감을 주는 혐오스러운 표현이라면 모욕죄가 성립합니다. 그러나 상대방을 불쾌하게 만들거나, 무례하고 예의에 벗어나는 표현이거나, 상대방에 대한 부정적 의견 혹은 감정을 나타내면서 경미한 수준의 욕설이 사용된 경우 등이라면 모욕에 해당하지 않습니다. 따라서 모든 욕설이 모욕에 해당하는 것은 아닙니다.

어떠한 표현이 모욕에 해당하는지는 당사자들의 관계, 해당 표현에 이르게 된 경위, 표현 방법, 당시 상황 등 여러 가지를 종합해서 판단합니다. 예컨대, '○○는 정말 야비한 사람인 것 같습니다'라는 표현은 누군가에 대한 부정적, 비판적 의견이지만 감정이 담긴 수준의 추상적 표현에 불과합니다. 또 인터넷 기사에 "이런 걸 기레기라고 하죠?"라는 댓글이 달렸다고 해도, 이 댓글은 기사에 대한 다른 댓글들의 논조 및 내용과 비교할 때 지나치게 악의적이라고 하기 어렵기 때문에 모욕에 해당하지 않습니다.

친고죄와 반의사불벌죄

범죄 중에는 피해자가 용서해주고 싶다고 해도 범죄자가 잘못을 했으면 무조건 처벌하는 범죄들이 있습니다. 살인죄, 상해죄, 강간죄 등이 그렇습니다.

반대로 어떤 범죄의 경우 피해자의 의사가 무엇보다 중요한 범죄들이 있습니다. 이때는 피해자가 피해를 입었다 하더라도 문제 삼지 않고 조용히 넘어가겠다고 하면 굳이 경찰이 수사하지 않는 것이 피해자에게 좋을 수도 있겠죠. 이렇게 피해자의 의사에 따라 처벌 여부를 정하는 범죄가 바로 '친고죄'와 '반의사불벌죄'입니다.

친고죄란 피해자의 고소가 있어야 가해자를 처벌할 수 있는 죄입니다. 비밀침해죄, 모욕죄 등이 여기에 해당합니다. 반의사불벌죄란 피해자의 고소가 없어도 수사를 진행할 수 있지만, 피해자가 처벌을 원하지 않으면 수사와 재판 진행을 멈출 수 있습니다. 명예훼손죄, 폭행죄, 협박죄 등이 여기에 해당합니다.

다만, 피해자와 가해자가 합의할 경우 가해자가 처벌되지 않는다는 점에서는 친고죄와 반의사불벌죄가 같습니다. 따라서 저지른 범죄가 친고죄이거나 반의사불벌죄에 해당하는 경우, 가해자 입장에서는 피해자와 합의하는 것이 가장 중요합니다. 이 장의 내용 중 저작권 침해와 모욕죄는 친고죄, 명예훼손죄는 반의사불벌죄에 해당하므로 당사자 사이에 원만한 합의가 이루어진다면 그로 인한 분쟁은 신속하게 종결될 수 있습니다.

2

우리 아이의 경제생활

들어가기 전에

우리는 마트에 가지 않아도 스마트폰으로 터치만 몇 번 하면 필요한 물건들을 주문할 수 있고, 스마트폰에 저장된 카드 정보로 지갑을 들고 다니지 않아도 되는 편리한 세상을 살고 있습니다.

이러한 세상인 만큼 우리 아이들을 유혹하는 것들도 참 많습니다. 친구들의 SNS를 통해 명품 옷을 입은 친구의 사진, 최신 스마트폰을 들고 있는 사진을 보면서 자신도 갖고 싶다는 생각을 하는 아이의 마음이 이해되지 않는 것은 아닙니다. 또 게임을 하다 보면 게임 회사는 '유료 아이템을 사야 이 판을 깨고 다음 판으로 갈 수 있다' '구매 버튼을 누르라'고 아이를 유혹합니다. 그러다 중고거래 사이트에 들어가면 비싸서 못 샀던 제품들이 '미개봉 새 제품'이라는 이름으로 지금이 아니면 살 수 없다고 아이를 유혹합니다.

그러다 보니 아이들은 또래 친구들과 어울리기 위해, 또는 유혹을 이기지 못해 부모 몰래 고가의 물건을 구매하기도 하고, 그 과정에서 뜻하지 않게 사기를 당하기도 하며, 아르바이트를 하겠다고 나섰다가 분쟁에 휩싸이기도 합니다.

이번 장에서는 우리 아이들이 부모 몰래 게임 아이템이나 물건을 샀을 때 어떻게 해야 할지, 사기를 당했을 때는 어떻게 해야 할지, 스스로 아이돌 굿즈 등을 제작해서 팔 때 어떤 점을 조심해야 하는지 등 우리 아이들의 경제생활과 관련된 내용을 알아보도록 하겠습니다.

아이의 경제생활과 관련된 것은 사전에 아이에게 잘 알려주고, 함께 이야기를 많이 나눈다면 아이가 위험에 빠지는 일을 보다 쉽게 예방할 수 있습니다. 그래서 예방법도 함께 다루려 합니다.

OX퀴즈

- 아이가 부모 몰래 결제한 게임 아이템은 무조건 환불받을 수 있다.
- 조부모가 아이에게 재산을 물려주는 것은 부모의 동의 없이 가능하다.
- 중고거래 사이트에서 사기를 당했을 때 경찰에 신고하면 돈을 돌려받을 수 있다.
- 아이돌을 응원하는 마음으로 아이돌의 얼굴이 들어간 굿즈를 제작해서 팔아도 된다.
- 미성년자가 아르바이트할 때는 부모의 동의가 필요하다.

(정답: X O X X O)

아이가 부모 몰래 결제한 게임 아이템의 환불

아이가 어렸을 때는 마트에서 장난감을 사달라고 조를 때마다 진땀을 뺐습니다. 어느새 아이는 같이 마트에 가는 대신 하루 종일 스마트폰만 붙들고 있습니다. 그런데 어느 날, 구글 플레이스토어에서 50만 원이 결제되었다는 낯선 문자메시지를 받았습니다. 아이가 게임을 하다가 유료 아이템을 산 것이죠. 아직 미성년자인 아이가 이렇게 쉽게 게임 아이템을 구매할 수 있게 내버려둔 게임 회사에도 화가 나고, 아이에게도 화가 났습니다. 부모로서 이런 상황에는 어떻게 대처해야 할까요?

미성년자의 법률행위

우리 법은 미성년자(만 19세 미만)는 법정대리인의 동의를 얻어 법률행위를 하도록 정하고 있습니다. 여기서 법률행위란 계약을 체결하거나 물건을 구매하는 등의 일상생활 속 행위들을 말합니다. 또한 만약 미성년자가 법정대리인의 동의 없이 법률행위를 했다면 미성년자나 법정대리인이 그 행위를 취소할 수 있도록 정하고 있습니다.

이때 미성년자인 자녀의 법정대리인은 친권자인 부모입니다. 따라서 미성년자는 엄마와 아빠 모두의 동의를 얻어야 법률행위를 할 수 있지요. 다만, 부모가 이혼할 때 엄마를 친권자로 정했다면 이때는 친권자인 엄마의 동의만 얻으면 됩니다. 그래서 미성년인 자녀가 아무리 똑똑하더라도 혼자서 마음대로 연예인이 되기 위해 소속사와 계약을 하거나, 스마트폰을 개통하거나, 게임 아이템을 마음대로 구매하는 행위 등을 할 수는 없습니다.

그런데 몇 가지 예외가 있습니다. 대표적으로 두 가지 경우를 살펴보겠습니다.

① 단순히 권리만을 얻거나 또는 의무만을 면하는 행위: 자녀가 할머니로부터 부동산을 증여받거나, 용돈을 받는 등 자녀에게 이익이 되는 행위는 법정대리인의 동의가 필요 없습니다.

② 처분을 허락한 재산의 처분행위: 부모가 자녀에게 용돈 통장을 주면서 이 통장에 있는 돈은 마음대로 써도 된다고(처분) 허락했다면 그 돈의 범위 내에서 게임 아이템을 사거나 비싼 물건을 사는 행위는 법정대리인의 동의가 필요 없습니다.

자녀가 부모 몰래 구매한 물건의 결제 취소와 환불

자녀가 부모 몰래 게임 아이템이나 고가의 물건을 샀다면, 부모는 어떻게 대처할 수 있을까요? 취소나 환불을 받을 수 있을까요?

사례 철수는 며칠 전부터 게임에 빠져 하루 종일 게임을 하고 있는데요. 게임만 하고 공부를 하지 않는 아들의 모습에 부글부글하던 어느 날, 엄마는 이런 문자 메시지를 받았습니다.

[국제발신]
OO님
[구글]Play스토어
결제승인완료
가격: 689,000원
고객센터:02-XXX-XXXX

확인해 보니 철수가 게임을 하다가 스마트폰으로 유료 아이템을 샀고, 스마트폰에 연동되어 있던 엄마 명의의 신용카드로 결제가 된 것입니다.

전술했듯 우리 법은 미성년자가 법률행위를 하기 위해서는 법정대리인의 동의를 얻어야 한다고 정하고 있기 때문에, 철수가 부모의 동의를 얻지 않고 물건을 구입했다면 취소가 가능합니다. 이때 주의해야 할 점이 있습니다.

첫째, 취소를 원하는 사람이 미성년자가 부모 동의 없이 물건을 구매했다는 점을 증명해야 합니다. 즉, 게임 회사에 철수가 부모 몰래 게임 아이템을 샀다는 점을 증명해야 합니다. 말은 간단하지만, 사실 증명하기 어려운 부분입니다. 게임 회사 입장에서는 부모가 게임 아이템을 샀는지, 자녀가 부모 몰래 게임 아이템을 샀는지 알 길이 없습니다. 그런데 무턱대고 '제 아이가 저 몰래 산 거예요'라며 환불을 요구하면 게임 회사는 부모 명의의 스마트폰에서 결제가 되었는데 거짓말을 하는 것은 아닐까, 라는 의문이 들 수 있겠죠.

그래서 게임 회사에 미성년 자녀의 구매를 이유로 구매 취소나 환불을 요청할 경우, 게임 회사는 미성년자가 부모 몰래 결제를 했다는 점을 증명할 수 있는 서류들을 잔뜩 요청합니다. 회사마다 조금씩 다르지만 보통 가족관계증명서, 피해사실확인서, 청구요금 상세내역서 등의 서류를 요구합니다. 이런 서류를 통해 부모의 실제 결제 패턴이나 스마트폰 이용 현황 등을 보고, 미성년 자녀가 결제한 것으로 볼 만한 근거가 충분하다고 판단되어야 환불이 가능합니다.

사례 영희 씨는 지난 달 초등학생 아들에게 한 모바일 게임의 아이템을 사줬습니다. 당시 영희 씨의 아들은 자신의 구글 계정으로 로그인해 '인앱결제(In-App Purchase)'를 통해 영희 씨의 신용카드 정보를 입력하고 게임 아이템을 구매했습니다. 이 결제 시스템은 처음 상품을 구매할 때 입력된 신용카드 정보를 저장해, 이후 상품 구매 시에는 신용카드 정보를 따로 입력할 필요 없이 구글 아이디와 비밀번호만 입력하도록 설계되어 있었습니다.

이후 영희 씨의 아들은 여러 차례에 걸쳐 100만 원이 넘는 게임 아이템을 영희 씨 몰래 구매했습니다. 영희 씨는 신용카드 대금 청구서를 받아본 뒤 이러한 사실을 알고 구글에 결제된 금액을 돌려 달라고 요청했지만 거절당했습니다.

위 사례에서 구글은 영희 씨의 아들이 엄마 몰래 결제한 것인지 잘 모르겠다는 이유로 환불을 거절했는데요. 여기서 생각해볼 부분이 있습니다. 자녀가 부모의 스마트폰을 함부로 사용해 게임 아이템을 결제했을 때, 과연 부모의 잘못이 전혀 없다고 볼 수 있을까요? 위 사례에서도 영희 씨가 스마트폰을 제대로 관리하지 않았기 때문에, 또 자녀에게 마음대로 아이템을 구매하면 안 된다는 점을 교육하지 않았기 때문에 이런 문제가 발생한 면이 있습니다.

때문에 자녀가 부모 몰래 부모의 신용카드나 결제 정보를 이용해서 물건을 구매한 경우, 사안에 따라 부모가 자녀의 지도나 교육에 부족한 점이 있었다고 보며 100퍼센트 환불받지 못하는 경우도 있습니다(수원지방법원 2017나69021 판결).

둘째, 미성년자가 속임수를 써서 법정대리인의 동의를 받았다고 믿게 한 경우에는 구매를 취소할 수 없습니다. 우리 법은 이런 경우에까지 미성년자를 보호해주지 않기 때문입니다. 그래서 만약 미성년자가 게임 사이트 등에 회원가입을 할 때 허위 연령을 입력해서 어른인 것처럼 속였다면 환불이 어렵습니다.

셋째, 자녀가 부모로부터 받은 용돈으로 구매한 것에 대해서는 취소가 어려울 수 있습니다. 우리 법은 부모가 범위를 정하여 자녀에게 처분을 허락한 재산은 미성년자이더라도 마음대로 처분할 수 있도록 하고 있기 때문입니다. 따라서 자녀가 본인 명의의 체크카드로 결제했다거나 자녀가 쓰는 스마트폰 요금제 상한선에 맞게 결제되었다면 취소가 어렵습니다. 자녀 명의 체크카드에 용돈을 넣어 둔 경우이거나 자녀가 쓰는 요금제에 상한선이 걸려 있다면 그 범위 내에서는 부모가 자녀 마음대로 쓸 수 있도록 허락한 것으로 해석되기 때문입니다.

마지막으로 부모가 자신의 동의 없이 자녀가 게임 아이템을 구매했다는 것을 알면서도 회사에 문제를 제기하지 않고 일단 이용대금을 지급한 경우에는 결제 취소를 주장하기 어렵습니다. 이용대금을 지급할 때 취소 내지 환불을 요구할 수 있는 권리를 포기한 것으로 보기 때문입니다. 따라서 자녀가 몰래 게임 아이템을 구매했다는 것을 알게 되었다면, 결제하지 말고 바로 게임 회사에 연락해서 조치를 취해야 합니다.

이번에는 자녀가 부모 몰래 결제한 물건에 대해 구매를 취소하거나 환불받는 방법을 알아보겠습니다. 먼저 자녀가 부모 몰래 물건을 구매한 사이트에서 정해놓은 절차에 따라 구매 취소나 환불을 요청해야 합니다. 만약 업체가 구매 취소나 환불을 거절한다면, 다음과 같은 조정 절차나 소송 절차를 이용할 수 있습니다.

먼저 한국소비자원에 상담을 신청할 수 있고, 상담을 통해 한국소비자원의 분쟁조정 절차를 이용할 수 있습니다. 이 경우 소비자분쟁조정위원회에서 조정결정을 하게 되는데, 이를 사업자가 받아들이지 않을 경우 법원의 소송 절차를 이용해야 합니다.

또는 자녀가 부모 몰래 게임 아이템을 구매했다거나 IPTV, 음악 사이트에서 고액의 결제를 하는 등 게임, 음악, 영화, 방송 관련 분쟁이 있을 때는 콘텐츠분쟁조정위원회 홈페이지(kcdrc.kr)에 접속해서

한국소비자원 분쟁조정 절차(출처: 한국소비자원)

조정신청을 하면 됩니다. 조정위원회는 그간 축적된 조정 사례를 토대로 당사자간 조정을 끌어내기 위해 노력을 합니다.

물건 구매 취소나 환불 절차의 경우 그 금액이 크지 않다는 점에서 변호사를 선임하여 민사소송을 진행하는 것은 비용과 시간적인 부분에서 비효율적인 면이 있습니다. 한국소비자원의 소비자분쟁조정위원회나 콘텐츠분쟁조정은 무료로 이루어지므로 이 절차를 최대한 잘 이용하는 것이 효과적입니다. 아래 사례는 이 절차를 통해 양 당사자 간 조정이 원만하게 된 사례입니다.

사례 철수 씨는 본인의 스마트폰과 미성년 자녀의 태블릿PC를 결합한 통신 요금제를 사용하던 중 갑자기 많은 금액이 청구된 것을 확인했습니다. 통신사에 확인한 결과 자녀의 태블릿PC를 통해 약 280만 원가량의 게임 아이템이 결제되었다는 사실을 알고, 해당 게임사를 상대로 미성년 자녀가 부모의 동의 없이 결제한 건으로 환불을 요청하는 분쟁조정을 신청했습니다.

게임사는 정상적인 게임 이용을 통해 구매한 재화를 모두 사용하여 규정상 환불이 불가능하나, 철수 씨가 제출한 미성년 자녀가 결제했다는 증빙 자료를 검토하여 예외적으로 1회에 한하여 결제 취소를 하되, 추후 동일한 내용으로 환불이 불가능하다고 하면서 결제 비밀번호를 설정할 것을 조건으로 원만히 합의하여 분쟁이 해결되었습니다.

다만, 조정 절차는 강제력이 있지 않아서 양 당사자 중 한 명이라도 조정안을 거부할 경우 조정이 이루어지지 않습니다. 이 경우에는 부득이 소송 절차를 이용해야 하는데요. 이때 금액이 크지 않은 경우라면 비교적 간이하게 돈을 받을 수 있는 다음 절차를 이용하는 것이 좋습니다.

소액사건심판

'소액사건심판'이란 민사사건 중 분쟁 금액이 3,000만 원 이하인 경우 일반적인 민사소송보다 간편하게 소를 제기하고 소송을 수행할 수 있는 제도를 말합니다. 신속한 처리를 위하여 1회의 변론기일(재판을 받는 날짜)로 심리를 마치고 즉시 선고할 수 있도록 하고 있습니다.

보통 민사소송의 경우 1~4회의 변론기일이 진행되고, 변론기일 진행 후 선고기일(판결이 결정되는 날로, 이날 이후로 재판의 효력이 생김)이 따로 지정됩니다. 그에 반해 소액사건심판은 신속하게 절차가 진행됩니다. 또 당사자의 배우자, 직계혈족, 형제자매가 법원의 허가 없이도 소송대리인이 될 수 있습니다.

지급명령신청

지급명령신청은 변론(재판)이나 판결 없이 곧바로 지급명령을 내리도록 하는 간이소송절차입니다. 변론기일이 열리지 않고, 당사자가 신청한 서류만으로 지급명령이 나온다는 점에서 일반적인 소송절차에 비해 빠르게 진행됩니다. 소액사건심판과 달리 청구 금액이 정해져 있지 않아 비교적 큰 금액에 대해서도 신청이 가능합니다. 다만 채무자인 상대방은 법원의 지급명령에 대해 송달일 기준으로

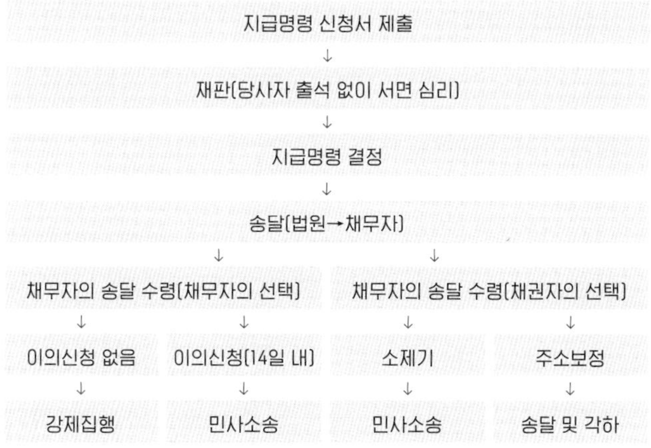

지급명령절차 진행(출처: 생활법령정보)

2주 이내 이의신청을 할 수 있고, 이의신청을 하면 지급명령은 효력을 잃고 통상의 민사소송 절차로 진행됩니다.

따라서 증거가 확실하거나, 상대방과 다툼이 없을 만한 사건(이의신청이 없을 사건)에 대해 지급명령을 신청하는 것이 좋습니다.

예방법 및 교육

중학생 자녀가 교복을 입고 휴대폰 매장을 갔는데 휴대폰 매장에서 부모의 동의를 받았는지 확인도 하지 않고 자녀에게 핸드폰을 개통해주었다면, 매장의 잘못이 명백합니다. 문제는 최근 미성년자의 물건 구매는 이런 방식이 아니라는 점입니다. 앞서 예를 든 것처럼 아이들은 부모의 계정으로 인터넷 사이트에 로그인하거나, 부모의 스마트폰에 저장된 결제 정보로 결제를 하는 방식으로 물건을 구매합니다.

그렇기 때문에 기업 입장에서는 성인 명의 스마트폰 또는 계정으로 결제가 되었으므로 미성년자가 구매하는 것이라고 생각하기 어렵고, 이를 확인할 방법도 없습니다. 또 스마트폰을 제대로 관리하지 못한 부모의 책임도 분명히 있으므로 기업의 일방적인 잘못이라 보기도 어렵습니다. 그래서 현실적으로 자녀가 부모 명의 스마트폰으로 물건을 구매한 것에 대한 취소나 환불은 받기 어려운 점이 있습니다.

따라서 부모는 사전에 이런 일이 일어나지 않도록 자녀들을 교육해야 합니다. 자녀가 어떤 유튜브 채널을 시청하는지, 어떤 게임을 하는지, 자녀가 그러한 활동 중에 소액결제의 유혹을 느끼는지 자녀와 대화를 나눠 사전에 자녀가 부모의 허락을 받아 결제하도록 하고, 부모 몰래 결제를 하지 않도록 주의를 주어야 합니다.

가장 현실적인 방법은 부모의 스마트폰에 결제 수단을 저장하지 않거나 자녀에게 결제 정보를 알려주지 않는 것입니다. 또 정기적으로 부모나 자녀의 스마트폰에 저장된 결제 정보를 변경하거나 인터넷 사이트에 자동 로그인이 되지 않도록 설정하는 것도 불미스러운 일을 예방할 수 있는 방법 중 하나입니다.

아이와 함께 생각해보기

미성년자와 청소년의 나이 기준

우리 법은 법에 따라 미성년자와 청소년의 나이를 다르게 정하고 있습니다. 민법에서는 만 19세 미만을 미성년자로 정하고, 미성년자는 단독으로 법률행위를 하지 못하도록 하고 있습니다. 미성년자는 합리적 의사결정 능력이 부족하여 보호가 필요하다는 판단 때문입니다.

한편, 게임산업진흥법과 음악산업진흥법은 만 18세 미만을 청소년으로 보고, 청소년들이 PC방과 노래방을 오후 10시부터 다음 날 오전 9시까지 출입하지 못하도록 정하고 있습니다. 또 공직선거법은 만 18세 이상의 국민에게 국회의원 피선거권을 주고 있습니다. 마지막으로 형법에서는 만 14세 미만의 소년을 형사미성년자로 보고, 이들이 범죄를 저지른 경우에는 처벌하지 않고 있습니다.

이처럼 각 법률은 목표하는 내용에 따라 금지하는 행위에 대한 나이를 달리하고 있는데요. 각 법에서 적용받는 나이를 달리 정하고 있는 것이 타당한지, 각 법에서 정하고 있는 나이가 적절한지, 낮추거나 높일 필요는 없는지 아이와 함께 이야기를 나누어보세요.

아이의 경제생활이 더 궁금한 사람을 위한

Q & A

Q 자녀가 부모 몰래 중고거래 사이트에서 아이패드를 구매했는데 판매자가 직거래를 이유로 환불을 거절합니다. 어떻게 해야 하나요?

게임 사이트나 쇼핑몰 사이트에서 물건을 구매한 경우에는 각 사이트에서 정한 환불 절차에 따라 환불을 요청할 수 있으나, 중고거래 사이트에서 개인으로부터 물건을 구매했는데 판매자가 환불을 거부할 경우에는 관련 절차가 따로 없어 난감해질 수 있습니다.

이때는 한국소비자원이나 콘텐츠분쟁조정위원회의 조정제도를 활용해볼 수 있습니다. 실제로 비슷한 사안에서 한국소비자원은 판매자가 직거래 과정에서 구매자가 미성년자임을 충분히 인식하고 거래를 했기 때문에 판매자 스스로 거래 취소의 위험을 부담한 것으로 판단하고, 판매자에게 거래 대금을 돌려주고 물건을 회수하도록 하였습니다.

Q 자녀가 아이돌 굿즈를 사겠다고 SNS에서 돈을 빌렸다고 합니다. 이 돈을 갚아야 하나요?

최근 트위터, 페이스북 등 SNS에서 10만 원 이하의 소액을 초고금리로 대출해준다는 게시글들이 눈에 띕니다. 10만 원을 빌리고 이틀 후에 13만 원을 갚는 식인데요. 자녀들이 아이돌 공연 티켓이나 굿즈, 게임 아이템을 사겠다고 이런 불법사금융을 이용하는 경우가 있습니다.

자녀가 부모의 동의 없이 돈을 빌린 것(대출계약)에 대해 부모는 그 행위를 취소할 수 있습니다. 다만 대출계약을 취소할 수는 있지만 대출받은 금액을 반환할 의무 또한 있으므로, 부모는 대출계약을 취소하고 자녀가 대출받은 금액은 반환해야 합니다.

Q 자녀가 인터넷 강의를 듣겠다고 해서 결제했는데, 나중에 환불받을 수 있나요?

인터넷 강의의 시작일 전에 강의를 듣지 않기로 하고 수강료를 환불받는 것을 철회라고 하고, 강의를 듣는 도중 더 이상 수강하지 않기로 하고 수강료를 환불받는 것을 해제, 해지라고 합니다.

- **강의 시작일 전에 강의를 듣지 않기로 한 경우**(철회)

수강자는 사이트 운영자로부터 이용신청확인 통지를 받은 날부터 7일 내에 구매를 철회할 수 있습니다. 사이트 운영자는 철회를 이유로 수강자에게 위약금 또는 손해배상을 청구하지 않아야 하며, 수강자가 철회를 하겠다고 한 날로부터 영업일 기준

3일 이내에 수강자의 이용금액을 공제하고 나머지 이용대금을 환급해야 합니다. 이때 교재 등의 반환이 필요한 경우 그 비용은 수강자가 부담합니다.

- **강의 시작 후 강의를 듣지 않기로 한 경우**(해제, 해지)

수강자는 수강자의 잘못 없이 다음과 같은 서비스 이용에 문제가 있는 경우 이용계약을 해제할 수 있습니다. 서비스가 제공되지 않거나 제공된 서비스가 광고 등과 현저한 차이가 있는 경우, 운영자가 제시한 최소한의 기술 사양을 충족했음에도 서비스 이용이 불가능한 경우, 기타 서비스의 결함으로 정상적인 이용이 불가능한 경우 중도해제가 가능합니다.

이때 수강자는 그 사실을 안 날로부터 30일 이내 또는 서비스를 공급받은 날부터 3개월 이내에 이용계약을 해제할 수 있습니다. 이 경우 이용계약은 처음부터 무효가 되므로 운영자는 이용대금 전액을 환불해야 합니다.

이러한 특별한 이유가 없더라도 수강자는 계약 기간 중 언제든지 중도해지할 수 있으며, 이 경우 이용계약은 그 당일부터 무효가 되므로, 운영자는 총 계약대금에서 해지에 따른 위약금과 이용대금을 공제하고 나머지 대금을 환불해야 합니다.

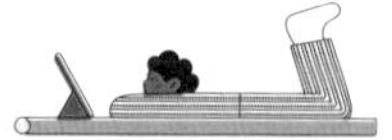

아이가 사기를 당했어요

부모는 자녀가 별 탈 없이 자라기를 바라지만, 자녀들은 아직 미성숙하기에 돈을 쉽게 벌 수 있다는 유혹에 넘어가거나 나쁜 사람들에게 속아서 사기 피해를 당하는 경우가 있습니다. 반대로 자녀들이 쉽게 용돈을 벌려고 하다가 사기의 가해자가 되기도 합니다.

경찰청이 2018년부터 2020년까지 만 10~18세 청소년 범죄 통계를 분석한 결과, 청소년 사이버 사기 검거 인원은 2018년 8,642명, 2019년 9,651명, 2020년 1만 2,165명으로 매년 증가하고 있다고 합니다. 특히 2016년부터 2020년까지 발생한 사이버 사기 건수는 총 61만 5,407건인데 연령대별 피의자 분포에서 10대(3만 6,340명, 12.3%)가 두 번째로 많았고, 피해자 수도 10대(8만 5,468명)가 네 번째를 차지했다고 합니다. 피의자와 피해자를 합쳐 5년간 약 12만여 명의 청소년이 사이버범죄에 연루된 셈으로, 결코 가벼이 넘어갈 수 없는 문제입니다.

자녀가 사기를 당해서 피해를 입게 되거나, 가해자로 지목된다면 부모는 어떻게 해야 할까요? 또 평소에 자녀가 사기범죄에 연루되지 않도록 하기 위해서 어떻게 교육하면 좋을까요?

사기죄란?

일상생활에서 누군가가 거짓말을 했을 때 사람들은 '사기'라는 말을 자주 사용하는데요. 법적으로는 "사람을 기망하여 재물을 편취하거나 재산상의 이익을 취득하는 것"을 사기죄라고 합니다. 즉, 남을 속여서(기망) 재물이나 금전적 이익을 얻는 범죄가 사기죄입니다.

예를 들어 명품이 아닌데 진짜 명품인 것처럼 속여서 비싼 가격에 가짜 물건을 팔고, 이를 통해 돈을 번 경우가 사기가 될 수 있습니다. 또 돈을 갚을 생각도 없고, 돈을 갚을 능력도 없으면서 '돈을 갚겠다'라고 속여서 돈을 빌려 금전적 이익을 얻는 경우도 사기가 될 수 있습니다. 하지만 돈을 빌릴 때는 몇 달 뒤에 돈을 갚을 생각이었는데 갑자기 예금을 넣어둔 은행이 망하면서 돈을 찾지 못해 갚지 못하는 경우라면, 돈을 빌릴 당시에 속인 사실이 없으므로 사기가 되지 않습니다. 또 친구에게 재미로 거짓말을 했다고 하더라도 이로써 돈을 벌거나 이익을 얻은 것이 아니라면 사기가 되지 않습니다. 사기죄는 기본적으로 사람들의 재산을 보호하기 위한 것이기 때문입니다. 그래서 사기죄는 사기를 당한 당사자와 재산상의 손해를 본 사람이 반드시 동일하지 않아도 성립됩니다.

자녀가 당할 수 있는 사기범죄

사례 아미(BTS 팬클럽)인 영희는 "제발 BTS 공연을 보러 가게 해달라" "갔다 오면 정말 열심히 공부하겠다"는 말로 엄마를 설득하여 허락을 받았습니다. 그런데 영희는 콘서트 티켓 오픈 날 예매에 실패해서 콘서트 티켓을 구하지 못했습니다. 영희는 티켓을 구하기 위해 중고거래 사이트에서 콘서트 티켓을 팔겠다는 사람을 찾았고, 그 사람에게 돈을 보냈는데 그 후 판매자와 연락이 되지 않고 있습니다.

미성년자인 자녀가 아이돌 콘서트 티켓이나 시중에서 구하기 힘든 물건을 구하려다, 또는 또래들이 가지고 있는 고가의 전자기기 등을 조금이라도 싸게 구할 수 있을까 하는 마음에 중고품을 찾다 중고거래 사이트에서 피해를 입었다는 사례를 종종 듣게 됩니다.

영희의 사례처럼 판매자가 공연 티켓이 없으면서, 또는 공연 티켓을 보내줄 생각이 없으면서 '돈을 입금하면 공연 티켓을 보내주겠다'라고 속여서 돈을 받았다면, 사기죄에 해당합니다. 따라서 경찰에 사기죄로 고소를 할 수 있습니다. 미성년자도 가해자를 고소할 수 있으므로 자녀가 직접 고소할 수도 있고, 부모가 자녀를 대신해서 경찰서에 신고를 할 수도 있습니다.

고소할 때는 가해자의 이름, 전화번호, 문자나 SNS 대화 내용, 계좌번호, 게시글 등을 캡처해서 자료를 준비하고, 사기 피해를 봤다는 점을 증명하기 위해 계좌이체 내역을 준비해야 합니다. 이런 증거자료가 준비되었다면 가까운 경찰서에 가서 피해 사실 내용을 경찰에게 이야기하거나 고소장을 작성하여 경찰서에 제출하면 됩니다. 그럼 경찰이 사건을 접수해서 가해자를 찾아낸 다음 가해자를 조사합니다. 이후 경찰이 가해자의 사기 사실을 확인하면, 가해자는 기소되어서 형사소송 절차에 따라 처벌을 받게 됩니다.

이러한 경찰의 수사 과정 또는 형사소송 과정에서 가해자는 피해자에게 합의를 제안할 수도 있고, 그렇지 않을 수도 있습니다. 합의를 하면 사기죄가 없어지는 것은 아니지만, 법원이 형량을 정할 때 반영이 됩니다. 그래서 가해자는 사기 사실이 확인되면 가벼운 처벌을 받기 위해 피해자와 합의를 하려고 하는 경우가 많습니다.

이때, 경찰에 신고하면 경찰은 수사를 해서 가해자를 처벌할 뿐입니다. 경찰에 고소한다고 해서 경찰을 통해 피해를 본 금액을 직접 돌려받을 수는 없습니다. 대신 경찰에 신고를 하면 가해자가 처벌을 피하거나 처벌 수위를 낮추려고 합의를 하자는 제안을 하면서 돈을 지급하는 경우가 있으므로, 합의를 통해 돈을 돌려받을 수 있는 가능성이 생기는 것입니다.

만약 합의를 통해서 돈을 돌려받지 못한다면, 가해자의 형사재판이 진행되는 중인 법원에 배상명령신청을 하거나, 형사소송과 별도로 가해자를 상대로 민사소송을 진행함으로써 피해를 본 금액을 돌려받을 수 있습니다.

사례 철수는 게임 아이템을 사고 싶었지만 용돈이 부족해서 고민이 되었습니다. 명절에 할머니로부터 세뱃돈을 받으면 될 것 같은데 몇 달 빨리 사고 싶었던 것이죠. 그러다 인터넷에서 '부모님의 개인정보를 입력하기만 하면 바로 대출을 해준다'라는 글을 보고 대출을 받기로 결심했습니다. 일단 대출을 받고, 세뱃돈을 받아서 갚으면 된다고 생각한 것입니다. 그렇게 부모님의 계좌번호와 비밀번호를 보내고 며칠 뒤, 부모님의 계좌에서 몇천만 원이 출금되었습니다.

위 사례는 이제는 우리에게 너무나 익숙한 피싱 범죄입니다. 피싱(Phishing)이란 '개인정보(Private data)를 낚는다(Fishing)'라는 의미의 합성어인데요. 전화, 웹사이트, 메신저 등을 통해 피해자를 속여서 재산을 갈취해가는 사기범죄의 일종입니다. 예전에는 한국 사람이 아닌 듯한 사람의 목소리로 어설프게 행해졌다면 최근에는 정말 그럴듯한 방법으로 교묘하게 이루어지고 있습니다.

피싱 범죄는 사람을 속여서 그 사람의 개인정보 및 금융거래정보를 얻은 뒤 이를 이용하여 재산상 이익을 취득하는 범죄행위이므로 사기죄가 됩니다. 위 사례에서도 철수를 속여서 부모님의 개인정보를 얻은 뒤 대출을 받은 것이므로 사기죄에 해당합니다. 따라서 철수와 부모님은 경찰서에 사기죄로 고소를 해야 합니다.

한편, 피싱 범죄를 당해서 개인정보가 노출됐을 때는 추가 피해를 입지 않도록 빠르게 조치를 해야 합니다. 먼저 송금한 은행이나 112에 피해 사실을 신고해서 통장에서 돈이 빠져나가지 않도록 '지급정지 신청'을 해야 합니다. 지급정지 신청은 계속 효력이 있는 것은 아니므로 가까운 경찰서에 방문해서 '사건사고사실확인원'을 발급받아 지급정지를 신청한 은행에 제출하면 지급정지 조치를 연장시킬 수 있습니다.

또 범죄자가 우리의 개인정보를 가지고 있을 수 있으므로 이를 통해 추가 피해를 입지 않도록 기존의 신분증을 분실신고하고 교체

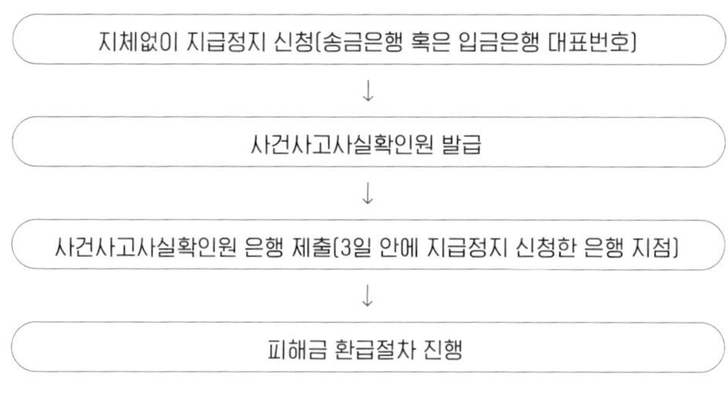

피싱으로 인한 송금시 행동요령(출처: 생활법령정보)

하는 것이 좋습니다. 나아가 자신이 모르는 계좌가 개설되거나 대출이 되지 않았는지 계좌정보통합관리서비스(payinfo.or.kr)를 통해 확인해야 합니다. 금융감독원의 금융소비자정보포털에서 '개인정보노출자 사고예방시스템'에 본인의 개인정보를 등록해두면 개인정보를 금융회사에 전파하여 해당 신청인 명의의 특정 금융거래 시 본인 확인에 유의하도록 할 수 있습니다. 마지막으로 본인 몰래 스마트폰이 개통되지 않도록 한국정보통신진흥협회의 명의 도용방지 서비스를 통해 통신사 가입 조회를 하거나 가입 제한을 신청해두어야 합니다.

> **사례** 철수는 중고거래 사이트에서 E씨로부터 일대일 채팅을 통해 아이폰 판매 글을 올려 대신 거래해주면, 수수료 명목으로 문화상품권을 준다는 말을 듣고 판매 글을 올렸습니다. 이후 철수의 게시물을 본 F씨는 철수에게 거래 대금을 입금했고, 철수는 E씨에게 거래 대금을 보낸 뒤 문화상품권을 받았습니다. 그러나 E씨는 F씨에게 물건을 배송하지 않고 잠적하였습니다.

철수는 E씨에게 속아서, 뜻하지 않게 F씨에게 사기를 친 가해자가 되었습니다. 이때 철수는 단지 E씨에게 속은 것일 뿐 잘못이 없다고 생각할 수 있지만, 철수가 F씨에게 돈을 받았고, 철수가 F씨에게 물건을 보내주지 않은 것이기 때문에 F씨에게는 철수가 사기죄의 가해자가 됩니다. 법적으로는 철수가 F씨에게 돈을 받고 물건을 보내지 않은 행위, E씨가 물건을 보낼 생각이 없으면서 철수에게 거짓말을 하고 돈을 받은 행위가 각각 있다고 보기 때문입니다.

그러므로 철수는 일단 F씨에 대해 자신이 사기를 친 부분을 해결하고, E씨가 자신을 속인 것에 대한 책임을 물어야 합니다. 결국 F씨와는 합의를 해서 처벌을 피해야 하고, 이와 별도로 E씨를 고소해서 자신의 억울함을 밝혀야 하는 것이죠.

사례 영희는 어느 날 트위터에서 '간단한 심부름을 하면 하루 수십만 원 일당을 보장한다'는 글과 '#고수익알바 #당일정산20만'의 해시태그에 끌려 글 게시자에게 연락하였습니다. 그리고 게시자가 시키는 대로 ATM에서 돈을 찾아서 전달하다가 경찰에 체포되었습니다.

영희는 아르바이트라는 말에 속아서 시키는 대로 ATM에서 돈을 찾아서 전달해주려고 했다가 범죄자가 될 위기에 놓인 상황입니다. 어떻게 된 일일까요?

보통 보이스피싱 가해자들은 보이스피싱으로 피해자의 개인정보와 계좌 정보 등을 알아낸 뒤 '전달책'을 통해 현금을 인출합니다. 이때 보통 '고수익을 보장한다'라는 말로 아르바이트생들을 뽑아서 전달책 업무를 시키죠. 그런데 자녀들이 고액 알바라는 말에 속아서 자기도 모르게 보이스피싱 전달책이 되는 것입니다. 실제로 보이스피싱 전달책을 체포했을 때 상당수가 미성년자라고 합니다.

문제는 자녀가 아무리 속아서 그 일을 했다고 하더라도 법적으로는 보이스피싱 범죄를 도와준 것이기 때문에 방조범으로 처벌을 받을 수 있다는 것입니다. 특히 보이스피싱 범죄는 피해자에게 큰 손해를 끼치기 때문에 아무리 미성년자라고 하더라도 무겁게 처벌을 받고 수사 과정에서 구속이 되는 경우도 많습니다.

만약 자녀에게 이런 일이 생긴다면, 처벌 수준이 무겁기 때문에 우선 자녀가 '정말 보이스피싱과 관련이 없는 줄 알았다'라는 점을 증명할 수 있는 자료를 모아야 합니다. 그리고 차선으로 피해자와 합의를 해서 피해 규모를 줄일 수 있도록 해야 합니다. 무엇보다 중요한 것은 이런 일이 발생하지 않도록 '고수익을 보장한다' '아르바이트비를 많이 준다'는 말이 위험하다는 것을 알고, 모르는 사람으로부터 예금통장 전달이나 물건 배달 부탁을 받으면 절대 해서는 안 된다는 점을 자녀에게 교육하는 것입니다.

예방법 및 교육

사기 사건을 상담하다 보면, 분명 거래 과정에서 수상한 점이 있었음에도 거래를 통해 얻을 이익 때문에 그 부분을 쉽게 넘기는 경우가 많다는 생각을 합니다. 큰돈을 벌게 해 주겠다거나 고수익을 거둘 수 있다, 쉽게 구할 수 없는 물건이다 같은 상대방의 달콤한 목소리에 유혹을 당하는 것이죠. 따라서 사기 피해를 피하기 위해서는 '세상에 공짜는 없다'라는 점을 자녀에게 알려줄 필요가 있습니다.

사기 피해를 당하면 경찰서에 신고해 가해자가 처벌받도록 할 수 있지만, 그 과정에서 많은 시간과 노력이 소요됩니다. 또 가해자가 사기로 번 돈을 다 써버렸다거나 경제적 능력이 없다면 사실상 돈을 돌려받기 어렵기 때문에 경제적 손해를 감수할 수밖에 없습니다. 그러므로 자녀들이 인터넷에서 시세보다 너무 낮은 제품을 구입하지 않도록, 또 믿을 수 없는 구매자로부터 물건을 구매하지 않도록 주의시켜야 합니다. 만약 수상한 점이 있다면 경찰청에서 운영하는 '경찰청 사이버캅'이란 애플리케이션에서 상대방의 전화번호, 계좌번호, 이메일 주소를 검색해볼 수 있다는 것도 알려주세요. 사이버캅에서 이를 조회해보면 최근 3개월 내 수상하다는 신고가 접수된 적이 있는지 알 수 있으므로 사기꾼을 걸러내는 데 도움이 됩니다.

또 낯선 번호로 온 문자나 전화에 속지 않도록 누군가가 개인정보 유출, 범죄 사건 연루 등을 이유로 계좌번호, 카드번호, 인터넷뱅킹 정보를 묻거나 인터넷 사이트에 정보 입력을 요구하는 경우 절대 응하지 말아야 한다고 알려주어야 합니다.

자녀가 용돈이 부족해서, 또는 재미로 인터넷상에서 게임 아이템이나 인터넷 강의 등을 판매할 의사 없이 판매하겠다고 하여 돈을 받아 가해자가 되는 경우도 있습니다. 사기죄는 합의가 되지 않으면 상당히 무겁게 처벌되는 범죄 중 하나입니다. 피해자에게 직접적인 경제적 손해를 주고, 경제 질서를 해치는 범죄이기 때문입니다. 그러니 자녀가 돌이킬 수 없는 실수를 하지 않도록 자녀의 인터넷 이용에 관심을 기울이고, 자신의 이름으로 글을 올리거나 돈을 이체하는 등 자신의 이름을 이용한 행위는 결국 본인에게 법적 책임이 있다는 점을 꼭 교육해주세요.

아이와 함께 생각해보기

촉법소년의 나이, 낮춰야 할까?

형법에서 만 14세 미만은 형사미성년자로 분류해서 범죄를 저지른 경우에도 처벌하지 않고 있는데요. 우리가 뉴스에서 종종 듣는 단어인 '촉법소년'은 그중 만 10세~14세 미만의 범법 행위를 저지른 소년을 뜻합니다. 그런데 과연 만 14세 미만을 처벌하지 않는 것이 맞는가에 대해 논란이 있고, 아예 형사미성년자의 나이를 낮춰야 한다는 주장도 있습니다.

형사미성년자의 나이를 낮춰야 한다는 주장은 인터넷의 발달 등 시대의 변화에 따라 청소년들의 판단능력이 낮다고 볼 수 없고, 청소년들의 강력범죄가 늘어나고 있다는 점 등을 이유로 듭니다. 반면 현행 제도를 유지해야 한다는 주장은 청소년들을 처벌하기보다는 청소년들을 교화하고 다시 사회로 나아갈 수 있는 기회를 주는 것이 옳기에 무작정 청소년들을 처벌하는 것에 초점을 맞추면 안 된다는 점 등을 이유로 들고 있습니다. 이 문제에 관해 아이는 어떻게 생각하는지 이야기를 나누어보세요.

사기범죄가 더 궁금한 사람을 위한

Q & A

Q 청소년용 안마의자를 이용하면 아이의 키가 크고 뇌 피로가 해소된다는 광고를 보고 물건을 구매했는데 효과가 없어요. 이런 것도 사기죄가 되나요?

오늘날 우리는 광고의 홍수 시대에 살고 있는데요. 우리 법은 어느 정도의 과장 광고나 선전은 관행으로써 허용되나 '거래에 있어서 중요한 사실에 관하여 비난받을 정도의 방법으로 허위 고지한 경우'에는 사기죄가 된다고 보고 있습니다.

이에 따라 중등품을 상등품이라고 속인 경우, 아파트 분양 광고에서 아파트 평형의 수치를 다소 과장하여 광고한 경우에는 사기죄가 아니라고 보았습니다. 반면 한우만을 사용한다고 기재하고서 수입 소갈비를 판매한 경우, 불량한 약품을 특효약인 것처럼 소비자를 속인 경우, 신생 수입브랜드의 시계를 마치 오랜 전통을 지닌 브랜드의 제품인 것처럼 허위광고한 경우 등은 사기죄로 인정했습니다.

따라서 만약 키가 크고 뇌 피로가 해소된다는 것에 대해 가짜 실험결과를 내세워 허위광고한 경우라면 사기죄가 될 수 있습니다.

Q 적극적으로 속인 것은 아니지만 설명을 제대로 해주지 않은 것도 사기죄가 될 수 있나요?

적극적으로 속이지 않았다고 하더라도 '상대방이 착오에 빠져 있음을 알면서도 반드시 알려주어야 할 사실을 알려주지 않는 것'도 사기죄가 될 수 있습니다. 예를 들어 임대인이 임대차계약을 체결하면서 임차인에게 이 집이 경매 중인 사실을 알려주지 않는 경우 사기죄가 될 수 있습니다.

또 속이려는 의도를 가진 행동에 의해서도 사기죄가 성립될 수 있습니다. 예를 들어 돈이 없고 돈을 낼 생각이 없으면서 식당에 들어가 음식을 주문하는 일도 마치 돈을 낼 것처럼 음식을 주문했으므로 그 행동 자체로 사기죄가 됩니다.

Q 가족 간에도 사기죄가 성립될 수 있나요?

우리 법은 절도, 횡령, 사기, 배임 등의 범죄가 친족 사이에 일어났다면 형을 면제하는 규정을 두고 있습니다(친족상도례). 이에 따라서 직계혈족, 배우자, 동거하고 있는 친족(8촌 이내의 혈족, 4촌 이내의 인척), 동거가족 또는 그 배우자에 대해서는 사기범죄가 있었다고 하더라도 형을 면제합니다. 그 이외의 친족 간에 사기범죄가 있었다면 고소를 해야 공소를 제기할 수 있도록 정하고 있습니다.

최근 유명 연예인의 형이 동생의 출연료 등을 횡령한 의혹을 받아서 재판이 진행되었는데요. 이 경우 동생인 연예인이 형과 동거하고 있었다면(동거친족) 아무리 형이 범죄를 저질렀다고 하더라도 형은 처벌받지 않습니다. 그러나 동생이 형과 동거하고 있지 않았다면, 연예인이 고소를 하는 경우 형은 수사를 받고 처벌까지 받을 수 있게 됩니다.

배상명령신청

사기를 저지른 가해자와 합의를 통해서 돈을 돌려받으면 좋겠지만, 그렇지 않다면 가해자에게 돈을 돌려받기 위해 민사소송을 제기해야 합니다. 이 경우 피해자 입장에서 번거롭고 시간이 많이 걸리는데요. 그 점을 고려해서 피해자가 형사소송 절차에서 범죄행위로 인해 발생한 손해의 배상을 구하는 절차를 두고 있는데, 그것이 바로 '배상명령신청'입니다. 즉, 배상명령신청은 민사소송보다 간편하게 손해배상을 받는 절차입니다.

배상명령은 상해, 중상해, 상해치사, 폭행치사상, 과실치사상, 절도, 강도, 사기, 공갈, 횡령, 배임, 손괴죄의 피해를 입은 경우에 신청할 수 있고, 가해자의 1심 또는 2심 형사재판이 진행 중일 때 그 법원에 신청할 수 있습니다. 배상명령신청서에 가해자의 재판이 진행 중인 사건명, 피고인(가해자) 이름 및 주소, 배상을 청구하는 금액 등을 기재해서 법원에 제출하면 됩니다.

다만, 법원은 피고인의 배상 책임 유무나 그 범위가 명확하지 않은 경우, 피해 금액이 특정되지 않았을 때, 해당 제도로 재판이 현저히 지연될 우려가 있는 경우 등에 배상명령신청을 각하할 수 있습니다. 예를 들어 성범죄 등의 경우 가해자가 본인은 잘못한 적이 없다고 주장해서 가해자가 진짜 잘못했는지 아닌지 불분명할 때는 배상명령신청이 각하될 수 있습니다. 또 중고거래 사기를 통해 10만 원의 피해를 입은 등 피해가 명확한 경우에는 배상명령이 되지만, 사기를 통해 피해자가 얼마의 피해를 입었는지가 명확하지 않은 경우라든지 성범죄 피해를 입은 경우에 정신적 위자료로 1,000만 원을 신청하는 것과 같이 정신적 위자료가 포함된 경우는 각하되는 경우가 많습니다. 다만, 배상명령신청 각하는 가해자에게 배상

책임이 없다는 뜻이 아니라 민사소송을 통해서 손해액을 더 면밀하게 다투라는 뜻입니다.

결국 중고거래 사기와 같이 가해자의 잘못이 분명하고 가해자도 잘못을 인정하면서 그 피해액이 명확한 경우에는 배상명령신청을 하는 것이 좋습니다. 반면 계속 치료비가 발생해서 현재 손해액이 얼마인지 알 수 없는 경우라든지 위자료도 같이 청구해야 하는 경우, 가해자가 자신의 잘못을 인정하지 않고 무죄를 다투는 경우는 배상명령신청을 하기보다는 형사소송의 결과를 지켜보고 나중에 민사소송을 거는 편이 좋습니다.

아이가 SNS를 통해 돈을 벌고 있어요

자녀의 양육은 자녀의 경제적, 정서적 독립을 위한 과정이라고 할 수 있습니다. 갓난아이였던 자녀가 성인이 되어 자기가 좋아하는 일을 하며 경제 활동을 한다면 부모로서는 더할 나위 없이 기쁘고 뿌듯한 일입니다. 그런데 요즘 청소년들은 부모가 생각했던 것보다 일찍 자신의 길을 찾기도 하고, SNS를 통해 용돈을 벌 수 있는 일을 발견하기도 합니다.

최근 미성년자인 자녀가 SNS를 통해 본인의 용돈을 버는 과정에서 뜻하지 않게 법적 분쟁에 휘말리는 경우들을 봅니다. 대체로 자녀가 부모에게 말하지 않다가 문제가 커지는 경우도 많은데요. 여기서는 미성년자들이 용돈을 벌려다 문제가 된 사례들을 중심으로 살펴보겠습니다.

아이가 SNS를 통해 물건을 파는 경우

최근에는 인스타그램이나 네이버 블로그 마켓, 카페, 트위터 등에서 물건을 판매하거나 구입하는 경우가 많습니다. 이런 사례를 자녀들이 많이 보다 보니, 자신이 가지고 있던 인터넷 강의 파일, 유료 웹소설이나 웹툰 파일을 SNS를 통해 판매하는 경우가 있습니다.

사례 영희는 트위터에 유료로 구매해야 볼 수 있는 웹소설 파일을 판매하겠다고 게시글을 올렸습니다. 참고로 '텍파'는 '텍스트 파일'의 줄임말로, 웹소설을 복제하여 텍스트 파일로 저장한 파일을 의미합니다. 영희는 파일 하나당 3,000원에 판매하였는데, 몇 달 뒤 저작권 침해로 고소되었습니다.

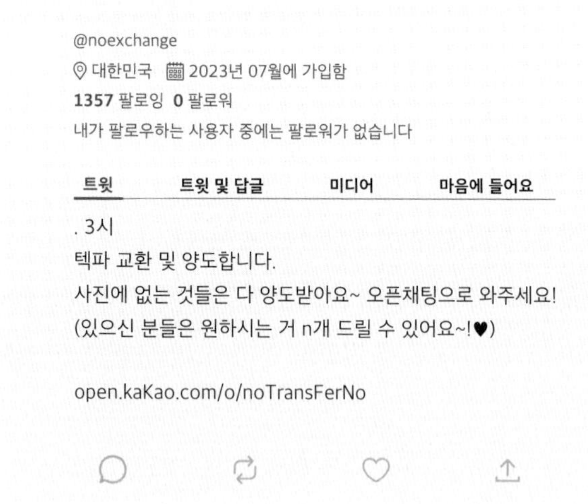

@noexchange
대한민국 2023년 07월에 가입함
1357 팔로잉 **0** 팔로워
내가 팔로우하는 사용자 중에는 팔로워가 없습니다

트윗 **트윗 및 답글** **미디어** **마음에 들어요**

. 3시
텍파 교환 및 양도합니다.
사진에 없는 것들은 다 양도받아요~ 오픈채팅으로 와주세요!
(있으신 분들은 원하시는 거 n개 드릴 수 있어요~!♥)

open.kaKao.com/o/noTransFerNo

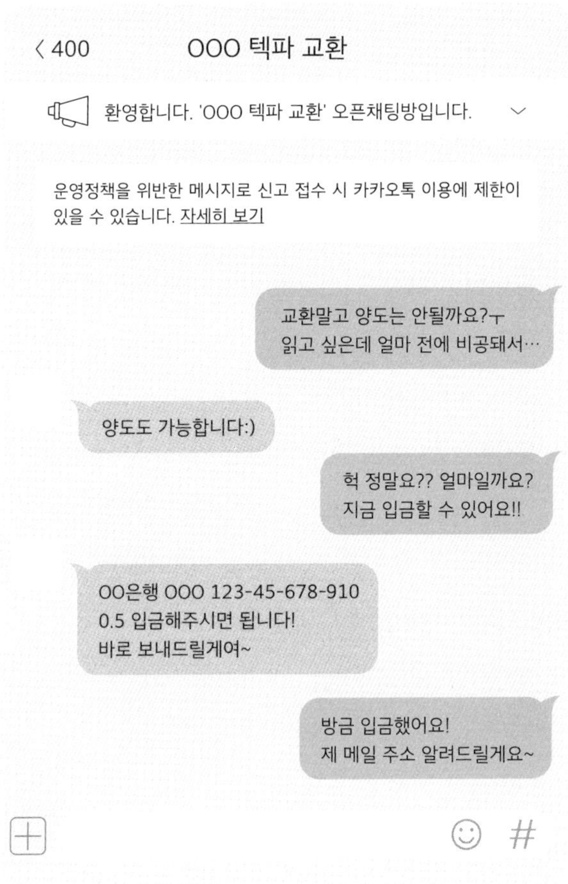

웹소설, 웹툰도 저작물이기 때문에 저작권이 보호됩니다. 따라서 자녀가 유료로 구입한 웹소설, 웹툰이라고 하더라도 본인이 보는 것이 아니라 이를 무단으로 복사하여 제3자에게 판매한다면 저작권 침해가 됩니다. 위 사례에서도 유료로 구입한 웹소설을 텍스트 파일로 저장해서 다른 사람에게 제공했기 때문에 저작권 침해에 해당합니다. 마찬가지로 자녀가 구입한 문제집이나 참고서를 스캔한

PDF 파일을 SNS를 통해 판매하였다면 이 역시 저작권 침해가 성립합니다.

이러한 거래는 거래 금액이 크지 않고, 거래 횟수도 많지 않습니다. 하지만 그러한 거래로 인하여 저작물(웹소설, 문제집 등)의 판매가 감소할 수 있기 때문에, 저자나 출판사는 인터넷 등을 모니터링하거나 직접 본인이 그러한 불법 복제물을 구매하는 것처럼 거래에 참여하여 증거를 수집하는 경우가 있습니다. 그리고 증거를 수집한 저자나 출판사는 저작권 침해자에게 직접 연락하여 손해배상금을 요구하거나 형사고소를 하는 경우가 많습니다. 민사소송을 제기할 수도 있지만, PDF 파일을 판매하는 정도로는 손해배상금이 크지 않기 때문에 이런 일은 흔치 않고, 대부분 바로 형사고소를 하거나 손해배상금을 내놓으라고 내용증명우편 등을 보냅니다.

그렇다면 자녀가 직접 촬영한 사진들을 판매하는 경우에는 저작권 침해에 해당하지 않으므로 문제가 되지 않을까요?

> **사례** 아이돌 팬클럽 회원으로 활동 중인 영희는 콘서트장에서 직접 촬영한 연예인 사진으로 포토카드, 아이돌 그룹명이 적힌 키링 등 굿즈를 자체 제작하여 네이버 스마트스토어에서 판매하고 있습니다. 그런데 어느 날 누군가가 영희의 네이버 스마트스토어에 권리 침해 신고를 하여 판매 페이지가 삭제되었습니다.

위 사례에서 영희가 촬영한 연예인 사진은 영희가 저작권을 보유하고 있습니다. 그러나 영희가 제작한 포토카드나 키링 등은 일명 '아이돌 굿즈'로, 아이돌의 이미지와 브랜드와 관련되어 제작된 상품들입니다. 그 상품들에는 아이돌의 초상, 그룹명, 로고 등이 사용됩니다. 따라서 촬영된 사진에 대한 저작권이 영희에게 있다고 하더라도 촬영된 사람인 아이돌의 초상은 초상권으로, 그룹명과 로고 등은 상표권으로 별도로 보호되고 있습니다. 그리고 초상권, 상표권에 관한 권리는 연예기획사가 보유하고 있는 경우가 많습니다.

실제로 대형 연예기획사들은 아이돌 그룹명 또는 로고 등에 대하여 다양한 형태의 상표들을 출원, 등록합니다. 따라서 사례에서 영희가 제작하여 판매하는 포토카드, 키링 등은 초상권과 상표권 침해가 될 수 있습니다. 팬심으로 만들어진 굿즈이지만 상품으로 거래된다는 점에서 다른 상품과 다를 바 없습니다.

물론 연예기획사들이 침해자들에 대한 민사소송, 형사고소 등의 법적 조치를 활발하게 취하지는 않습니다. 그러나 아이돌 그룹의 콘서트가 열릴 때 콘서트장 주위에서 아이돌 굿즈의 위조 상품을 파는 불법 노점상들이 단속되는 사례는 있습니다. 그러므로 자녀가 콘서트가 열릴 때나 온라인상에서 아이돌의 사진이나 아이돌 그룹명, 로고를 무단으로 사용한 아이돌 굿즈를 판매하고 있다면 이를 막을 필요가 있습니다.

또, 연예기획사가 조치를 취하지 않더라도 네이버 스마트스토어 등 소셜커머스 사이트들은 상표권 침해, 초상권 침해, 저작권 침해 등 권리침해 게시물을 신고하고, 이를 차단하도록 하는 시스템을 갖추고 있습니다. 권리침해를 일일이 모니터링하기는 어렵지만, 이를 알고서도 방치하는 경우 권리침해 방조행위로 법적 책임을 부담하기 때문입니다. 따라서 연예기획사 외에도 제3자가 권리침해 제품에 대해서 신고를 하면 해당 제품 판매에 대한 게시글은 삭제되거나 차단됩니다.

아이가 MCN 회사와 계약을 체결한 경우

자녀가 슬라임으로 놀거나 역할놀이 하는 모습을 촬영해서 자신의 유튜브 계정에 올리기 시작했는데, 구독자 수가 점점 늘더니 MCN 회사에서 계약을 하자는 제안을 받았습니다. MCN은 'Multi Channel Network', 즉 다중 채널 네트워크의 줄임말로 유튜버나 인플루언서의 기획사를 말합니다. 주로 소속 유튜버 등의 콘텐츠 제작을 지원하고 저작권 관리, 홍보, 광고대행계약 체결 등의 업무를 합니다.

MCN 회사와 계약을 하려 하는 경우, 계약서상 MCN 회사가 유튜브 채널에 업로드되는 영상을 제작하는 데 어떠한 지원을 해주는지, 그 영상의 권리자는 누구로 정하는지, 유튜브 채널의 계정은 누구의 소유로 할 것인지, 수익 배분은 어떻게 할 것인지 등이 가장 중요합니다. 따라서 계약서에서 다음 세 가지는 꼭 확인해볼 필요가 있습니다.

① **지원 사항 확인:** MCN 회사에서 해줄 수 있는 지원은 기본적으로 촬영을 위한 장소, 장비, 인력 제공, 홍보·마케팅이 포함됩니다. 그리고 대중으로부터 인기를 얻게 되면 회사에서는 유튜버를 캐릭터화한 부가 사업을 개발하거나 새로운 콘텐츠를 개발하는 등 사업을 확장하기도 하므로, 그러한 경우를 대

비하여 회사가 지원하는 사항이 어떻게 기재되어 있는지 확인해야 합니다.

② **계약 조건 확인:** MCN 회사는 유튜브 채널 계정의 소유권이나 영상의 저작권을 회사에게 귀속하는 것으로 계약을 체결하는 경우가 많습니다. 그러면 회사와의 계약이 종료된 후 유튜버는 구독자가 많은 채널 계정을 두고 새로운 계정을 만들거나, 영상을 새로 촬영하여 업로드해야 하는 부담이 있습니다. 그러므로 계약 기간 동안 회사가 계정과 영상에 대한 권리를 갖더라도 계약 종료 이후 유튜버에게 반환하는 것으로 약정하는 것이 좋고, 권리를 회사에 귀속시켜야 한다면 그에 비례해서 수익 배분 비율을 높이거나 대가를 지급받는 것을 고려해야 합니다.

③ **수익 배분 확인:** 수익에 관한 조항에는 무엇에 대한 수익을 나누는 것인지, 언제, 얼마나 수익을 배분하는 것인지, 배분된 수익이 정당한지 확인할 수 있는지가 기재되어야 합니다. 특히 무엇에 대한 수익인지는 채널로 발생한 수익, 광고 활동으로 발생한 수익, 그 외 활동으로 발생한 수익으로 크게 나누어볼 수 있고, 사업이 확장된다면 구체적인 사업별로 수익 내역이 정산되어야 합니다. 그리고 정산 내역에 대해서도 언제든지 회사 측에 요청하여 투명하게 확인할 수 있도록 하는 조항을 포함하는 것이 좋습니다.

앞에서 이야기했듯 미성년자인 자녀는 독립적으로 법률행위를 할 수 없습니다. 그렇기 때문에 부모의 동의를 얻지 않고 자녀가 계약을 했다면 그 계약을 취소할 수 있습니다. 그러나 만약 미성년자인 자녀가 부모의 동의를 받은 것처럼 서류를 작성하는 등 속임수를 써서 계약을 체결했다면 그 계약은 취소할 수 없습니다.

한편, 계약이 취소되면 계약은 처음부터 무효인 것으로 봅니다. 이때 자녀가 계약으로 인하여 받은 계약금 등의 이익이 있다면 그 이익이 현존하는 한도에서 반환해야 합니다.

사례 연예인 지망생인 자녀가 연예기획사와 전속계약을 체결하였습니다. 그런데 기획사가 자사의 지위를 이용하여 계약 기간을 10년이라는 장기간으로 정하였고, 계약의 자동연장 조항을 포함하였습니다. 심지어 수익 배분에 있어 기획사에게 유리하게 조항을 설정한 반면, 자녀가 계약을 위반할 경우에는 과도한 손해배상의 예정액을 정하였습니다.

MCN 회사나 연예기획사가 계약 기간을 자동으로 연장하는 조항을 두거나, 회사의 손해배상 책임은 적게 하거나 면책하면서 반대로 자녀에게는 과중한 손해배상의무 조항 등을 두는 경우, 회사만 계약을 해지하거나 해제할 수 있고 자녀는 그렇게 못하도록 하는 조항, 회사가 일방적으로 계약상 주요 내용을 변경·수정할 수 있도록 하는 조항은 대표적인 불공정 조항입니다. 따라서 부모는 법정대리인으로서 계약서에 이런 조항이 있는지를 면밀히 살펴보아야 합니다. 또 나중에라도 계약서에서 이런 조항들을 확인하였다면, 이 조항들은 무효가 될 수 있으므로 그에 따라 대처해야 합니다.

이처럼 너무 불공정하게 체결한 계약의 경우, 회사를 상대로 계약을 무효화하는 소송을 할 수 있습니다. 이때 부모는 법정대리인으로서 자녀를 대리하여 소송을 제기할 수 있습니다.

아이와 함께 생각해보기

아이들에게도 필요한 금융 서비스가 있을까?

요즘은 미성년자들도 충분히 소비를 즐기는 시대입니다. 부모님이 준 용돈과 카드로 친구들과 영화를 보러 가고, 놀이동산에 가고, 마라탕과 버블티를 사 먹기도 합니다. 그렇기에 은행이나 카드사에서는 미성년자를 미래 세대의 금융 소비자로 주목하고 있습니다. 금융기관과 카드사에서 미성년자를 대상으로 하는 체크카드 상품을 다양하게 출시하거나 증권사에서 미성년자가 주식계좌를 개설하여 주식투자를 하도록 하는 것이 대표적입니다.

부모 입장에서도 자녀가 경제를 이해하고 똑똑한 금융 소비자가 되는 것이 좋습니다. 그리고 그 절차도 생각보다 간이합니다. 만 14세 이상 미성년자의 경우에는 본인 확인용 신분증, 학생증 등 필요서류를 준비하면 혼자서도 은행에 방문하여 통장을 개설하거나 체크카드를 발급받을 수 있습니다.

미성년자인 자녀에게 필요한 금융상품이나 서비스는 어떤 것이 있는지 아이와 이야기를 나누어보세요. 아이에게 어른이 생각하지 못한 아이디어가 있을 수 있습니다.

아이의 SNS와 관련된 법이 더 궁금한 사람을 위한

Q & A

Q 자녀가 부모님이 반대할 것 같아, 부모님의 동의를 받은 것처럼 부모님 동의서에 부모님의 인감도장을 찍고 계약한 경우 계약은 유효한가요?

부모의 동의가 없는 계약은 효력이 없는 것이 원칙입니다. 그러나 자녀가 부모님의 동의를 받은 것처럼 부모의 인감도장을 사용하였다면 그 계약은 유효하고, 취소할 수 없습니다. 민법 제17조에 따라 미성년자가 법정대리인의 동의가 있는 것으로 속여 믿게 한 경우에 그 행위는 취소할 수 없다고 명시되어 있습니다.

Q 자녀가 굿즈를 구입한 뒤 이를 재판매하는 것도 문제가 되나요?

자녀가 적법한 권리자가 판매하는 굿즈를 구입한 경우, 그 굿즈는 정품으로서 권리침해 제품이 아닙니다. 따라서 자녀가 이를 재판매하는 경우 침해 제품의 재판매가 아니기 때문에 상표권 침해에 해당하지 않습니다. 그래서 우리는 중고거래 사이트에서 재판매되는 정품들을 쉽게 발견할 수 있습니다.

Q 저작물을 불법으로 복제한 드라마 파일을 개인적으로 소지하고 있는 경우도 저작권 침해인가요?

원칙적으로 권리자의 동의를 받지 않고 저작물을 복제하는 것은 저작권 침해에 해당하나, 사적으로 이용할 목적으로 복제한 경우에는 저작권 침해가 아닙니다. 그러나 만약 불법 복제물임을 알면서도 이를 복제하여 소지하는 경우에는 아무리 개인적으로 소지했다고 하더라도 저작권 침해가 된다는 판례가 있습니다.

Q 미성년자도 사업자 등록을 하여 쇼핑몰 창업이 가능한가요?

미성년자도 사업자 등록이 가능합니다. 단, 세무서에 사업자등록 신청 시 법정대리인의 동의서를 제출하여야 합니다. 동의서에는 부모의 인감 날인, 인감증명서가 첨부되어야 합니다. 그 외에는 다른 사업자 등록 절차와 동일합니다.

한편, 인터넷 쇼핑몰 사업을 할 경우에는 다음의 절차가 필요합니다. 먼저 주소지를 관할하는 세무서에 사업자 신고를 하여 사업자 등록을 받습니다. 이때 임대차계약서 사본 등이 필요합니다. 미성년자의 경우 부모의 동의서도 제출해야 합니다. 다음으로 공정거래위원회 또는 시·도지사(서울의 경우 구청장)에게 통신판매업 신고를 하여 통신판매업 신고증을 교부받습니다. 마지막으로 홈페이지를 제작하거나 소셜커머스 사이트에 판매자로 등록하여 제품을 업로드합니다. 최근에는 대량등록 프로그램을 사용하여 제품을 자동으로 수집, 업로드하기도 하는데요. 간혹 상표권, 저작권 침해 제품이 업로드되거나 기타 관계 법령을 위반하는 경우가 발생하기도 하므로 유의해야 합니다.

미성년 자녀의 아르바이트

자녀가 오프라인에서 아르바이트를 한다면 몇 살부터 가능할까요? 우리 법은 미성년자의 경우 만 15세 이상이 되어야 아르바이트 또는 시간제 근로가 가능하다고 보고 있습니다. 만약 18세 미만이면서 중학교에 재학 중인 미성년자라면 근로가 불가합니다. 따라서 만 15세 미만인 자녀 혹은 중학교 재학 중인 18세 미만의 자녀를 고용한 사업주에 대해서는 취직인허증을 교부받지 않는 한 근로기준법 위반의 책임을 추궁할 수 있습니다.

만 15세 이상의 미성년자를 아르바이트로 고용할 때는 부모의 동의서, 가족관계증명서를 확인하여야 하고, 근로계약서를 작성하여야 합니다. 이때 고용주는 미성년자를 1일 7시간, 일주일에 35시간을 초과하여 근무하도록 할 수 없습니다. 그러므로 부모는 자녀가 아르바이트를 한다고 하면 근로계약서를 작성하고 받았는지, 그 계약서 내에 임금, 근로시간(휴게 시간), 휴일, 업무 내용 등이 잘 기재되어 있는지 확인하여야 합니다. 청소년 아르바이트 근로계약서 표준양식은 고용노동부(moel.go.kr)에서 볼 수 있습니다.

만일 고용주가 근로계약서를 작성하지 않았다면 고용주와의 대화 내용을 메시지 등의 형태로 수집하여 계약 조건이 무엇인지 향후 입증할 수 있도록 대비하여야 합니다.

또한 미성년자도 성인과 동일한 수준의 최저임금을 적용받고, 초과근무, 휴일 근무 등에 대하여도 수당을 받을 수 있습니다. 따라서 시간당 수당이 최저임금에 미치지 못하거나, 초과근무에 대한 수당을 받지 못하였거나, 임금을 받지 못했다면 사업장 소재지를 관할하는 지방노동청 또는 고용노동부 민원마당 홈페이지를 통하여 신고할 수 있습니다. 만약 부당한 대우에 대하여 상담을 받고자 한다면 청소년근로보호센터(youthlabor.or.kr) 또는 청소년근로권익센터(youthlabor.co.kr)에서도 도움을 받을 수 있습니다.

3

우리 아이에게 절대 일어나지 않았으면 하는 일, 성범죄

들어가기 전에

자녀와 하는 성(性)에 관한 이야기는 부모에게 어색하고 낯선 주제입니다. 더군다나 성범죄라니……. 부모 입장에서는 언제나 자녀가 순진하고 어려 보이기 때문에 나와는 상관없는 문제라고 생각하게 됩니다. 그러나 매년 여성가족부가 발표하는 아동·청소년(성범죄 관련 법령에서는 '미성년자'라는 표현 대신 '아동청소년'이라고 표현합니다. 아동청소년은 만 19세 미만의 자를 말하나 19세에 도달하는 연도의 1월 1일을 맞이한 자는 제외됩니다. 미성년자가 만 19세 미만의 자로서 생일에 따라 미성년자인지 여부가 결정되는 것과는 구별하여 이 장에서는 아동청소년이라고 일컫습니다) 대상 성범죄 분석 결과에 의하면, 성범죄 피해자의 연령은 점차 낮아지고 있습니다. 특히 아동청소년 피해자의 평균 연령은 2017년도에는 14.6세였으나 2020년도에는 14세에 이르렀습니다.

이와 같이 성범죄 피해자의 평균 연령이 낮아지는 데에는 자녀들의 인터넷 및 SNS 이용이 가장 큰 이유로 손꼽힙니다. 실제로 위 성범죄 분석 결과에 의하면, 아동청소년 대상 성범죄자의 상당수는 피해자와 온라인을 매개로 만나는 경우가 많았습니다. 이러한 결과는 누구나 인터넷과 SNS을 통하여 성범죄 피해자가 될 수 있다는 걸 보여주기도 합니다.

같은 이유로 미성년자가 성범죄의 가해자가 되는 경우도 늘어나고 있습니다. 특히 미성년자 가해자들은 인터넷상에서의 성범죄를 범죄가 아닌 놀이 문화로 인식하는 경향이 강한 것으로 조사된다는 점에서 그 심각성이 더욱 큽니다. 스마트폰과 SNS 이용이 이미 일상이 되었기에 채팅 애플리케이션을 통해 성적인 발언을 하고, 타인을 촬영하는 것이 성범죄로 이어진다는 것을 모를 수도 있다는 말입니다.

실제로 호기심에 음란물을 다운로드받아 시청하거나 친구에게 전송하여 주는 경우, 타인의 신체를 몰래 촬영한 경우, SNS를 통해 음란한 말을 보내는 경우, 온라인 게임을 하다가 채팅으로 성적인 욕설을 하는 경우는 어느 가정, 어느 아이에게나 벌어지고 있는 것이 현실입니다. 이제 디지털 성범죄는 더 이상 비행 청소년이 저지르는, 나 그리고 나의 자녀와는 상관없는 문제로 치부할 수 없게 되었습니다.

나아가 피해자와 가해자가 인터넷을 통해 만나는 데 그치지 않고 오프라인 만남까지 이어지고 있는 사례도 증가하고 있어 더 심각한 성범죄가 발생하고 있습니다. 이에 이 장에서는 SNS 속 성범죄와 SNS에서 이어져 오프라인에서 발생하는 성범죄를 순차적으로 살펴보려 합니다.

온라인에서 대화의 매개체가 되는 SNS는 점차 다양해지고 있고, 익명성을 특징으로 하는 애플리케이션도 많아지고 있을 뿐만 아니라 최근에는 메타버스 플랫폼까지 급성장하고 있습니다. 이러한 환경에서 우리는 자녀가 어떤 애플리케이션을 사용하고 어떻게 SNS 활동을 하는지 알고 있어야 합니다. 내 자녀가 성범죄 피해자가 된다면? 성범죄 가해자로 지목된다면? 사건이 벌어지고 난 뒤에는 자녀가 받은 상처를 되돌리는 데에 많은 시간과 노력이 필요할 수도 있습니다.

OX퀴즈

- 어떠한 음란물은 시청한 것만으로도 법적 문제의 소지가 있다.
- 미성년자가 등장하는 19금 웹툰을 다운로드받았지만 보지 않았다면 법적으로 문제가 없다.
- 온라인 게임 중 상대방에게 성적인 표현을 한 경우 통신매체이용음란죄에 해당한다.
- 동의받고 신체를 촬영했다고 하더라도 그 영상을 촬영된 사람의 허락 없이 제3자에게 보여주면 안 된다.
- 조건만남에 응한 미성년자 자녀 역시 법적 처벌을 받을 수 있다.

(정답: O X O O X)

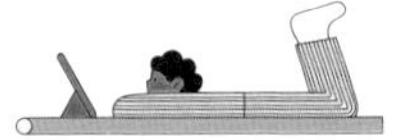

우리 아이에게 일어나는 SNS 속 성범죄

부모 세대보다 더 많은 시간을 SNS 속 세상에서 보내는 우리 아이들은 SNS에서 부모가 상상하기도 어려운 성과 관련된 콘텐츠에 노출됩니다. 세간의 뉴스를 보아도 이러한 사실은 무척이나 자명해 보입니다. 여기서는 자녀들이 SNS를 이용하면서 연루될 수 있는 디지털 성범죄에 어떤 유형들이 있는지 살펴보겠습니다.

음란물에 쉽게 노출되는 아이들

요즘은 초등학교에서도 성교육을 받습니다. 그러나 학교의 성교육은 정작 온라인을 통해 음란한 사진, 영상에 계속 노출되고 있는 자녀들의 성적인 문제, 호기심은 해결하지 못하고 있습니다. 그렇다고 자녀들이 가진 호기심을 해결할 만한 현실적인 성교육을 하자니 주저하게 되는 것이 현실입니다.

그러는 사이 자녀들은 소위 '19금'이라고 불리는 성인 콘텐츠에 노출되고 있습니다. 여성가족부의 최근 발표에 의하면 미성년자가 가장 많이 접하는 유해 정보는 성인용 영상물로서, 특히 초등학생의 성인용 영상물 이용률은 33.8퍼센트에 이릅니다. 그러한 영상물을 접한 통로는 인터넷 개인 방송 및 동영상 사이트, 포털 사이트, 스마트폰 애플리케이션, 메신저 순으로 대부분 온라인입니다. 이처럼 우리 자녀들은 의도적이든 그렇지 않든 성인용 콘텐츠를 시청하거나 시청할 수 있는 상황에 놓여 있습니다. 그런데 이런 음란물을 소지하고 시청하는 것이 때로는 법적인 문제까지 될 수 있습니다.

사례 • 영희는 인터넷 뉴스를 보다가 요란하게 떠 있는 여러 배너 중 하나를 우연히 클릭했는데, 몇 개의 사이트가 다른 창으로 열리더니 19금 사이트에나 나올 법한 사진들이 쏟아져 나왔습니다.

• 철수는 야동 사이트에서 영상을 보다가 호기심에 메가클라우드로 영상물을 다운로드받았는데, 영상에 미성년자가 등장하여 그 파일을 삭제하였습니다.

위 사례에서 영희는 배너를 클릭해서 음란한 사진들을 '시청'하였고, 철수는 다운로드를 통하여 음란한 영상을 '소지'하고 '시청'하였습니다. 이와 같이 두 행위를 구별하는 이유는 몇 년 전 세상을 떠들썩하게 했던 N번방 사건 이후 법령이 개정되어 어떤 음란물들은 시청하거나 소지하는 것만으로도 처벌되는 경우가 있기 때문입니다.

일반적인 음란물을 시청 또는 소지하는 경우에는 처벌되지 않지만, '아동청소년 성착취물' 또는 '불법촬영물'은 시청 또는 소지만 해도 처벌될 수 있습니다. 여기서 아동청소년 성착취물은 청소년성보호법(아동청소년의 성보호에 관한 법률)에서 정의하는 바에 따르면 아동청소년 또는 아동청소년으로 인식될 수 있는 사람이나 표현물이 등장하여 성교행위, 유사성교행위, 신체의 전부 또는 일부를 접촉, 노출하는 행위, 자위행위를 하거나 그 밖의 성적 행위를 하는 내용을 표현하는 것을 말합니다. 그리고 불법촬영물은 촬영된 사람의 동의를 받지 않고 성적 욕망 또는 수치심을 유발할 수 있는 사람의 신체를 촬영한 것을 말합니다.

영희의 사례에서는 영희가 본 것이 아동청소년 성착취물 또는 불법촬영물이 아니라면 19금 영상, 사진, 그림이라고 하더라도 시청 또는 소지를 해도 처벌받지 않습니다. 이성 간의 스킨십이나 신체 노출 장면이 포함되어 있는 웹툰이 아동청소년 성착취물에 해당하지 않아 이를 시청하는 것이 법적으로 문제되지 않는 것과 같습니다.

또한 아동청소년 성착취물 또는 불법촬영물의 시청 또는 소지로 처벌받는 것은 그 대상이 아동청소년 성착취물 또는 불법촬영물인 것을 알면서 시청 또는 소지한 것을 전제로 합니다. 웹사이트에 게시된 아동청소년 성착취물 또는 불법촬영물을 단순히 호기심에 시청하였다고 하더라도 이를 인지하고 있었다면 처벌의 대상이 되는 것입니다.

철수의 사례는 미성년자가 등장하는 아동청소년 성착취물을 다운로드받아 시청하였으므로 '소지 및 시청'으로 법적 처벌을 받을 수 있습니다. 아동청소년 성착취물을 다운로드받았다면 이를 시청하지 않고 삭제한 경우라고 하더라도 여전히 소지죄가 성립할 수 있습니다. 반대로 영희처럼 어떠한 영상이나 사진이 나타날지 전혀 예상하지 못하고 배너를 클릭한 사정만으로는 우연히 시청하게 된 것이므로 범행에 대한 고의가 있다고 볼 수 없습니다. 그러므로 철수는 미성년자가 등장하는 아동청소년 성착취물을 '인지'하고 다운로드받은 것이 아니라 해당 사이트의 설명과 안내, 다운로드받은 파일의 파일명 등 사정을 고려했을 때 아동청소년 성착취물이라는 것을 몰랐던 사정을 항변하여 죄책을 면할 수 있습니다. 또한 아동청소년 성착취물인지 모르고 다운로드받았다가 바로 삭제하였다면 '소지'의 고의가 없다고 주장할 수 있습니다.

정리하자면, 일상생활에서 우연히 또는 의도치 않게 음란물을 시청하거나 소지하는 경우까지 모두 처벌되는 것은 아닙니다. 아동청소년 성착취물 또는 불법촬영물인 것을 인지하고 의도적으로 이를 시청 또는 소지하는 경우에 한하여 처벌의 대상이 됩니다.

청소년들과 상담을 하다 보면 본인이 음란물을 시청한 행위가 법적인 문제로 불거질까 두려워 고민하는 경우가 의외로 많습니다. 정확히 어떤 것이 처벌 대상인지 알지 못하기 때문에 이런 현상이 일어나는 것입니다.

이처럼 호기심이 많은 청소년 시기에 내 자녀가 음란물에 노출되거나 이를 시청하는 일은 언제든지 벌어질 수 있는 일이므로, 이에 대한 부모의 지도는 꼭 필요합니다.

SNS에서 신체 노출 사진을 받았어요

성폭력처벌법(성폭력범죄의 처벌 등에 관한 특례법)에서는 "자기 또는 다른 사람의 성적 욕망을 유발하거나 만족시킬 목적으로" 성적 수치심이나 혐오감을 일으키는 말, 글, 그림, 영상 등을 상대방에게 도달하게 하는 경우 통신매체이용음란죄로 처벌하고 있습니다.

> **사례** 온라인 게임 마니아인 영희는 취미가 비슷한 사람들이 모인 오픈 채팅방에서 이야기를 나누다가 상대방으로부터 성기가 노출된 사진을 받았습니다. 예상치 못한 사진을 보고 놀란 영희는 채팅방에서 바로 나와버렸습니다.

위 사례에서 성기가 노출된 사진은 성적 수치심이나 혐오감을 일으키는 사진이고, 대화하던 상대방이 성적 욕망을 유발하거나 만족할 목적으로 영희에게 전송한 것으로 보입니다. 이는 통신매체이용음란죄에 해당하므로, 영희는 가해자를 경찰에 신고할 수 있습니다.

반대로 자녀가 본인의 신체를 촬영하여 누군가에게 전송하였다면, 자녀에게 통신매체이용음란죄가 성립할 수 있습니다. 그러므로 자녀가 만약 누군가에게 신체 사진을 보냈다면, 전송한 사진의 내용이 무엇인지, 상대방이 전혀 예상하지 못한 상황에서 일방적으로 전송한 것인지, 전송 후 상대방의 반응이 어떠하였는지 등을 종합적으로 살펴보아야 합니다. 실제로 상호 합의하에 성적인 대화를 하기로 하였거나 상대방이 요구해서 신체 사진을 전송한 경우 통신매체이용음란죄의 처벌을 받지 않은 경우도 있습니다.

> **사례** 중학생 영희는 실시간으로 모르는 사람들과 메시지를 주고받을 수 있는 애플리케이션을 이용하고 있습니다. 어느 날, 애플리케

이션에서 만난 사람과 대화를 하던 중 상대방이 "우리 얼굴 사진 공개할까?"라고 말하여 상대방으로부터 얼굴 사진을 받고 자신의 사진도 보내주었습니다.

그 후 상대방은 영희에게 탈의한 몸을 영상으로 촬영해 보내라고 하였습니다. 영희는 영상이 유포될 수도 있다고 생각해 제안을 거절하였습니다. 그러자 상대방은 "영상을 보내지 않으면 방금 받은 얼굴 사진을 다른 사진과 합성해서 뿌리겠다"고 하였습니다. 영희는 어쩔 수 없이 탈의한 몸을 촬영하여 영상을 보냈습니다.

위 사례에서 영희는 자기 또는 다른 사람의 성적 욕망을 유발하거나 만족할 목적으로 일방적으로 신체 촬영 사진을 전송한 것이 아니고, 상대방의 요구에 의해 보냈습니다. 따라서 상대방은 영희의 사진을 전송받음으로써 성적 수치심을 느꼈다고 볼 수 없으므로 영희가 영상을 전송한 행위는 통신매체이용음란죄에 해당하지 않습니다.

그럼 영희에게 사진을 요구한 상대방에게는 어떠한 죄책을 물을 수 있을까요? 상대방은 영희에게 신체 노출 영상을 요구하여 전송받았고, 영상의 내용이 '미성년자의 신체 전부 또는 일부가 노출되어' '성적 수치심이나 혐오감을 일으키는' 경우이므로 아동청소년성착취물을 제작한 행위로 처벌될 수 있습니다. 그러므로 위 사례의 경우 미성년자인 영희는 처벌받지 않고 영희에게 신체를 노출하여 영상으로 전송하라고 요구한 상대방만이 법적인 책임을 부담합니다.

상대방의 요청에도 불구하고 영희가 신체 영상을 발송하지 않았더라도 상대방의 법적 책임은 여전히 남아 있습니다. 이 범죄는 미수범도 처벌하고 있으므로 상대방의 그러한 시도와 요청만으로도 아동청소년 성착취물 제작에 대한 미수범의 법적 처벌을 받을 수 있습니다.

SNS에서 자녀의 사진이 퍼지고 있는 경우

SNS에 자녀도 모르는 자녀의 사진이 퍼지고 있다는 사실을 알게 되면 그 사진들을 누가 퍼뜨린 것인지, 어디까지 퍼진 것인지, 어떻게 삭제할 것인지 머리가 하얘질 정도로 당황스럽습니다. 어떠한 내용의 사진인지에 따라 해결 방법은 달라질 것인데요.

사례 영희는 SNS 프로필에 얼굴 사진을 업로드하고, SNS 피드에는 일상생활의 사진들을 업로드하고 있습니다. 그 사진 중 일부가 온라인 사이트나 제3자의 SNS 계정에 업로드되었습니다. 얼굴 사진은 다른 사람의 신체 노출 사진(또는 나체 사진)과 합성되어 온라인에 퍼지고 있습니다.

위 사례에서 영희의 사진이 다른 사이트에 업로드된 것은 초상권, 저작권의 문제로 볼 수 있습니다. 이처럼 누군가 자녀의 얼굴이나 모습이 촬영된 사진을 무단으로 사용했다면, 이 책의 1장을 참고해 사용한 사람 또는 사용된 SNS, 사이트 등에 사진 사용을 중지 요청하는 등의 방법으로 해결해야 합니다.

그러나 이 사례에서 영희의 얼굴 사진이 다른 신체 노출 사진과 합성되어 퍼지고 있는 부분은 단순히 초상권, 저작권 문제로 해결되지 않습니다. 그러한 합성사진은 촬영된 사람의 의사에 반하여 성적 욕망 또는 수치심을 유발할 수 있는 형태로 편집, 합성 또는 가공된 것이므로 성폭력처벌법상 형사처벌의 대상이 됩니다. 이를 퍼뜨리는 경우에도 동일합니다. 따라서 자녀의 동의 없이 성적 욕망이나, 수치심을 유발할 수 있도록 합성된 사진 또는 영상이 유포된다면 이는 불법촬영에 대한 책임을 묻는 것과 마찬가지로 성폭력처벌법상 법적 조치를 취할 수 있습니다.

또한 위 사례는 미성년자를 대상으로 하는 사진, 영상을 유포한 것이므로 청소년성보호법에 따라 아동청소년 성착취물 제작죄로도 처벌될 수 있습니다.

이와 같이 미성년 자녀의 사진을 음란물로 합성하여 퍼뜨리는 것은 중대한 범죄행위입니다. 또 피해자 입장에서는 촬영자에 대한 법적 책임을 묻는 것과 동시에 유포된 사진이나 영상을 삭제하는 것 또한 피해 회복을 위하여 매우 중요한 일입니다. 디지털성범죄피해자지원센터(d4u.stop.or.kr)에서는 편집, 합성 또는 가공된 불법촬영물에 대하여 영상 삭제를 요청할 수 있습니다. 법적 조치를 취하지 않고 피해 촬영물 삭제만 요청할 수도 있고, 피해자가 원하는 경우 부모님 등 보호자에게 알리지 않고 삭제가 가능합니다.

SNS 메시지로 성희롱을 당하거나 음란한 대화를 한 경우

요즘 청소년들은 SNS를 통해 일상을 기록하고 공유하면서 SNS 메신저, DM(Direct Message)을 통하여 실시간으로 대화를 하기도 합니다. 이를 통해 SNS의 익명성에 숨어서 성희롱하는 경우도 증가하고 있는데요. 자녀 계정의 SNS 게시물에 누군가 외모를 평가하는 댓글을 달거나 메시지를 통하여 성적 발언을 전송하는 경우가 그렇습니다. 이때 '성희롱'은 성과 관련한 말과 행동으로 불쾌하고 굴욕적인 느낌이 들게 하는 것입니다. 그러므로 SNS를 통한 성희롱은 사이버 공간 내에서 벌어지는 성적 괴롭힘이라고 할 수 있습니다.

> **사례** 중학생 영희는 SNS에 사진이나 짧은 영상을 올리는 활동을 하고 있습니다. 주로 교복 입은 사진, 공부하는 모습 등 일상 모습을 촬영해서 올리고, 친구들과 댓글이나 메시지를 주고받는 것을 즐깁니다. 그러던 중 영희는 "나랑 XX하자 너 예쁘고 귀엽고 XX 크고 좋아" "너 XX 잘하지?"라고 적힌 SNS 메시지를 받게 되었습니다.

영희의 사례와 같이 SNS를 통해 성적 수치심을 일으키는 그림, 사진 등을 전송하거나 성적으로 모욕하는 행위 모두 성희롱이 될 수 있습니다. 다만, 우리 법은 성희롱 자체를 처벌하지는 않습니다. 앞서 언급했듯이 특정 행위를 성폭력처벌법의 통신매체이용음란죄로 처벌하고 있습니다. 영희의 사례에서도 메시지에 성관계를 직접적으로 표현하지는 않았으나 성행위나 신체 부위를 충분히 암시하고 이를 평가하여 성적 수치심이나 혐오감을 불러일으키고 있으므로, 통신매체이용음란죄에 해당할 수 있습니다.

> **사례** 영희는 어릴 때부터 태권도에 다녀 태권도 사범님과 친구처럼 친하게 지내고 있습니다. 중학생이 되고 난 다음에는 사범님과 SNS 메시지로 대화를 자주 하곤 했는데, 사범님은 영희에게 '선생님이 영희 많이 좋아하는거 알지?' '영희가 보고 싶다' '영희 가슴은

어떻게 생겼나 궁금하다' 등의 메시지를 보냈습니다. 영희는 사범님과의 대화가 점점 불편해졌지만, 몇 년간 알고 지낸 사이라 쉽게 대화를 차단할 수 없었습니다.

위 사례에서도 상대방은 영희의 신체 부위를 언급하며 성적 수치심이나 혐오감을 일으키는 말을 하였으므로 통신매체이용음란죄에 해당할 수 있습니다. 참고로, 위와 같이 미성년자를 상대로 성적 욕망이나 수치심 또는 혐오감을 유발할 수 있는 대화를 지속적 또는 반복적으로 하는 경우에는 통신매체이용음란죄의 성립과는 별개로 청소년성보호법에 따라 가중처벌될 수 있습니다.

그런데 만일 가해자가 피해자에게 직접적인 성희롱 발언을 한 것이 아니라면 어떨까요? 중학교 같은 반 남학생들끼리 다른 여학생을 두고 채팅방에서 여학생의 신체 부위에 대하여 이야기를 나누거나 여학생에 대해 성적인 농담을 한 경우가 그렇습니다.

이 경우에는 여학생에게 성적 수치심이나 혐오감을 일으키는 말을 전달한 것이 아니므로 통신매체이용음란죄에 해당하지는 않습니다. 그러나 남학생들의 대화의 내용에 비추어 여학생에 대한 '모욕'에는 해당할 가능성이 있습니다.

한편, 자녀가 SNS에서 가해자가 되거나 음란한 대화에 자발적으로 참여하는 경우도 있습니다.

사례 온라인 게임에 참여한 철수는 게임을 같이 하게 된 참여자들이 제 역할을 잘 해내지 못하자 화가 났습니다. 이에 '아가리 찢어버린다 개염병'이라는 욕설을 하였고, 게임을 하며 채팅을 하던 다른 참여자들도 화가 나 철수에게 욕설을 하였습니다. 더욱 화가 난 철수는 '좆쓰레기 뚱땡이년 부모 없는 고아년 여자냐?'라는 발언을 하고 채팅방을 나와버렸습니다.

위 사례에서 철수와 참여자들이 서로 욕설을 주고받은 내용은 1장에서 살펴본 모욕죄에 해당합니다. 그렇다면 철수의 마지막 발언은 어떨까요? 해당 발언은 성적인 속어가 포함되어 있다는 점에서 성적 수치심이나 혐오감을 일으키는 말로 해석될 수 있습니다. 따라서 통신매체이용음란죄에 해당할 가능성이 있습니다. 실제로 온라인 게임 중 플레이어들 사이의 대화가 통신매체이용음란죄에 해당된다며 고소하는 사례가 많습니다.

다만, 통신매체이용음란죄는 성적 욕망 또는 만족의 '목적'이 있어야 하기 때문에 단순히 언쟁 중에 화가 나서 한 발언만으로는 범죄가 성립하지 않습니다. 따라서 자녀가 게임 중에 성적인 발언을 하였다고 고소를 당한 경우 그 대화를 하게 된 이유, 해당 발언 전후 다른 사람들의 발언들, 해당 발언의 의미 등을 종합하여 통신매체이용음란죄에 해당하지 않는다고 주장할 수 있습니다. 반대로 자녀가 게임 중에 성적인 발언을 들었다면, 해당 발언이 어떤 상황에서 있었는지에 관한 의미 등을 근거로 가해자의 성적 욕망을 유발하거나 만족시키는 발언이라고 주장할 수 있습니다.

아이와 함께 생각해보기

가상공간에서 일어나는 성범죄를 막을 수 있을까?

메타버스(Metaverse)는 3차원 가상세계를 의미하는 단어로, 제페토, 로블록스 등의 플랫폼에서 아바타를 이용하여 가상 세계를 체험할 수 있는 시스템입니다. 메타버스 플랫폼을 적극적으로 이용하는 자녀들에게 메타버스는 실제의 세계와 다를 바 없는 소통 공간으로 활용되고 있습니다.

그런데 최근, 메타버스 플랫폼에서의 성범죄가 증가하고 있다는 통계가 발표되었습니다. 성행위를 시뮬레이션하는 게임이 플랫폼에 업로드되거나, 아바타끼리의 채팅을 통하여 성희롱적인 발언을 하거나, 친밀감을 형성한 후 오프라인에서의 만남을 유도하여 성범죄를 저지르는 경우가 그러합니다.

이에 국회에서는 메타버스 성범죄를 규제하기 위한 법안들이 발의되고 있습니다. 메타버스 플랫폼 내에서의 성적 언동이나 성폭력을 근절하기 위한 법안들입니다. 이와 동시에 메타버스 플랫폼 내의 '아바타'에 대하여 디지털 인격권을 도입하자는 논의도 있습니다.

메타버스 성범죄를 예방, 근절하기 위한 방법을 자녀와 함께 생각해보세요. 아이를 성범죄로부터 보호할 수 있는 다양한 이야기를 나눌 수 있을 것입니다.

성범죄가 더 궁금한 사람을 위한

Q&A

Q ‘음란물’의 정확한 의미는 무엇인가요?

‘음란물’은 단순히 저속하다거나 문란한 느낌을 준다는 정도를 넘어서서 존중·보호되어야 할 인격을 갖춘 존재인 사람의 존엄성과 가치를 심각하게 훼손·왜곡하였다고 평가할 수 있을 정도로, 노골적인 방법으로 성적 부위나 행위를 적나라하게 표현 또는 묘사한 것을 말합니다(대법원 2006도3558 판결). 정보통신망법에서는 음란물을 배포, 판매, 임대, 공공연하게 전시하는 것을 금지하고 있습니다.

이 중 성적 수치심이나 혐오감을 일으키는 영상을 특정인에게 전송한다면 통신매체이용음란죄에 해당하고, 미성년자가 등장하는 영상의 경우 아동청소년 성착취물로 그 내용에 따라 청소년성보호법이 적용되어 가중처벌될 수 있습니다.

Q 자녀가 음란물 판매 글을 보고 구매하였는데 그 후 판매자가 돈을 주지 않으면 신고할 것이라고 협박하는 경우 어떻게 해야 하나요?

자녀에게 음란물을 판매한 자가 협박을 하여 금품을 갈취하려고 한 것이므로 공갈죄가 성립될 수 있습니다. 음란물을 구입하려고 했던 것 때문에 공갈죄에 대한 법적 조치를 망설일 수 있겠으나, 음란물이 아동청소년 성착취물이나 불법촬영물이 아닌 경우에는 법적으로 문제가 되지 않습니다. 따라서 음란물을 구입하려고 한 사실로 인해 위축되기보다는 수사기관에 도움을 요청하는 것을 권합니다.

Q 동성끼리 음란한 사진이나 영상을 보내는 경우에도 처벌되나요?

통신매체이용음란죄나 청소년성보호법 위반 등 이 장에서 다룬 범죄들은 반드시 이성끼리의 행위일 것을 요구하지 않습니다. 따라서 동성끼리 음란한 사진이나 영상을 보내더라도 범죄가 성립할 수 있습니다.

통신매체이용음란죄와 정보통신망법 위반죄

앞서 살펴본 바와 같이, '자기 또는 다른 사람의 성적 욕망을 유발하거나 만족시킬 목적으로' 성적 수치심이나 혐오감을 일으키는 말, 글을 상대방에게 도달하게 하는 경우에는 통신매체이용음란죄에 해당합니다.

이와 별개로, 음란물을 다수가 볼 수 있도록 SNS에 업로드하는 것은 정보통신망법 위반으로 볼 수 있습니다. 정보통신망법에서는 '음란한 영상'을 배포, 판매하거나 공공연하게 전시하는 행위에 대하여 형사상 처벌을 하고 있습니다. 이 범죄는 상대방에게 성적 수치심을 느끼게 할 목적이었는지를 요구하지 않고, '음란물'도 포괄적인 개념이므로 특정 사이트를 통하여 성인 인증 절차를 거쳐 적법하게 유통되고 있다고 하더라도 영상의 내용에 따라 음란물에 해당할 수 있습니다. 따라서 인터넷 검색을 통하여 다운로드받은 음란물을 SNS를 통하여 공유한 경우, 정보통신망법에 따라 처벌될 수 있다는 점을 유의해야 합니다.

참고로 음란물의 내용이 아동청소년 성착취물이라면 이를 배포, 제공하거나 이를 목적으로 광고, 전시, 상영하는 경우 모두 청소년성보호법에 따라 처벌됩니다.

SNS에서 오프라인으로 이어지는 성범죄

우리 자녀가 SNS를 통해 음란물에 노출되고, 잘못된 성 지식을 습득할 뿐만 아니라 범죄에까지 연루될 수 있다는 것만으로도 불안한데요. 앞서 언급했듯 SNS에서의 범죄가 오프라인, 즉 2차 범죄로까지 이어진다는 것 또한 큰 문제입니다. 자녀가 불법촬영의 대상이 되거나 가해자가 될 수도 있고, 온라인 속에서의 만남이 오프라인으로 이어져 심각한 성범죄의 위험에 처하기도 합니다.

아이가 교복 치마를 입은 여학생의 뒷모습을 촬영했어요

스마트폰 사용이 일상이 된 요즘, 부모가 보기에는 대수롭지 않아 보이지만 자녀들은 사소한 일도 촬영하거나 기록으로 남기곤 합니다. 어느 날, 자녀가 하굣길에 앞서 걸어가는 교복 입은 여학생의 뒷모습을 무심코 촬영했고, '찰칵' 소리에 뒤돌아본 여학생이 뭘 찍었는지 추궁하고 스마트폰을 보여달라고 요구한다면 어떻게 해야 할까요?

사실 상대방이 스마트폰을 보여달라고 한다고 해서 스마트폰을 꼭 보여줄 의무는 없습니다. 그러나 보여주지 않는다면 이미 의심을 하고 있는 상대방과 문제 해결이 잘 되지 않겠죠. 그래서 이런 일로 실랑이를 하다 보면 경찰이 출동하여 해결하는 경우가 많습니다. 결국 경찰이 스마트폰을 확인하여 문제가 될 법한 사진이면 사건으로 진행하고, 그렇지 않으면 문제가 되지 않는 사진이라고 상대방을 안심시킨 후 사건을 그 자리에서 종결합니다.

자녀가 몰래 누군가를 촬영했다고 신고가 되었을 때

당사자의 동의를 받지 않은 불법촬영은 먼저 초상권 침해가 될 수 있습니다. 그런데 그 사진의 내용이 다리나 가슴 등 신체 특정 부위를 부각하거나 성적 수치심을 일으키는 것이라면 사안은 '성범죄'로 분류되어 더 심각한 문제를 야기할 수 있습니다.

성폭력처벌법에 의하면 성적 욕망 또는 수치심을 유발할 수 있는 사람의 신체를 몰래 촬영한 자는 카메라등이용촬영죄로 처벌됩니다. 그러므로 자녀가 누군가를 촬영하여 신고되었다면 '성적 욕망 또는 수치심을 유발할 수 있는 사람의 신체'를 촬영한 것인지 확인해야 합니다. 이와 관련하여 실제 재판을 받은 두 사례를 살펴보겠습니다.

사례 • 철수는 미용실에서 여성 미용사가 치마를 입은 채 다른 사람의 머리를 자르고 있는 동안 스마트폰으로 미용사의 다리 등을 촬영하였습니다.

- 영수는 횡단보도 앞에서 보행 신호를 기다리던 교복 치마를 입은 여학생의 뒤로 다가가 스마트폰으로 다리를 몰래 촬영하였습니다.

결론부터 말씀드리자면, 철수의 경우 무죄가 선고되었고 영수의 경우 유죄가 선고되었습니다. 철수의 경우 촬영된 여성이 짧은 치마를 입기는 하였으나 과도한 노출에 이르지는 않았고, 피해자가 서 있는 자연스러운 모습을 찍었다는 사정 등을 근거로 했습니다. 반면 영수는 피해자가 미성년자였고, 심야 시간에 피해자를 뒤따라가 몰래 하체 부위를 촬영한 것 등이 고려되었습니다.

이와 같이 법원은 객관적으로 촬영된 사람과 같은 성별, 연령대의 평균적인 사람 입장에서 성적 욕망 또는 수치심을 유발할 수 있는 신체에 해당하는지 여부를 고려합니다. 아울러 촬영된 사람의 옷차림, 노출의 정도 등은 물론 촬영자의 의도와 촬영에 이르게 된 경위, 촬영 장소와 촬영 각도 및 촬영 거리, 촬영된 원본의 이미지, 특정 신체 부위의 부각 여부 등을 종합적으로 고려하여 유무죄를 판단합니다. 그러므로 사진에서 어떠한 신체 부위가 부각되었는지, 어떠한 각도로 촬영되었는지 등을 살펴보아야 처벌 대상이 되는지 알 수 있습니다.

자녀의 불법촬영이 문제가 되는 경우

그 외에도 미성년자 자녀들이 학교, 학원 등에서 몰래 촬영을 하다가 법적인 문제에 휘말리는 경우가 있습니다.

사례 • 학원 수업이 끝나기 전 강의실에서 나와 여자 화장실에 몰래 들어가 쉬는 시간이 되기를 기다렸습니다. 그리고 쉬는 시간에 화장실에서 용변을 보는 여학생들을 몰래 촬영하다가 발각되어 경찰에 신고되었습니다.

• 학교 체육 시간 전에 여학생들의 탈의 모습을 몰래 촬영하였습니다. 그리고 그 사진들을 같은 반 남학생들과 공유하였습니다.

• 수업 시간에 선생님의 모습을 촬영하거나 교복 치마를 입은 여학생들의 다리 부위가 부각되는 사진을 촬영하였습니다.

• 그룹 과외 도중 옆자리에 앉은 여학생의 치마가 허벅지까지 올라간 것을 보고 몰래 촬영하다가 여학생이 촬영 사실을 인지하여 신고하였습니다.

• 체육 시간에 땀에 젖은 여학생들의 가슴 부위를 부각하여 촬영하였습니다.

한창 성에 호기심을 가질 청소년이 저지른 행동이니 한번쯤은 봐주자고 하기에는 사진이나 영상의 내용이 성적 수치심이나 불쾌감을 일으킬 수 있다는 점에서 부모의 올바른 지도가 필요한 사례들입니다.

특히 카메라등이용촬영죄는 중범죄에 해당하기 때문에 미성년자라 하더라도 소년재판을 받지 않고 형사재판을 받아 형사처벌에 이를 수도 있습니다. 게다가 불법촬영으로 신고가 되거나 조사를 받게 되면 스마트폰에 대한 포렌식 절차가 진행되기 때문에 과거에 촬영한 사진, 삭제한 사진 들도 모두 확인되어서 범죄사실이 추가되는 경우도 있습니다.

그럼 자녀가 피촬영자의 동의를 받아 상대방의 신체 일부를 촬영하는 경우는 어떨까요? 카메라등이용촬영죄는 촬영된 사람의 '동의 없이' 성적 욕망 또는 수치심을 유발할 수 있는 사람의 신체를 촬영하는 것을 처벌하는 것이므로, 상대방의 동의를 받았다면 범죄에 해당하지 않습니다.

> **사례** 영희와 철수는 학교에서 소문난 커플입니다. 둘은 아직 어리지만 손을 잡거나 포옹을 하는 등 스킨십도 하게 되었습니다. 어느 날 철수는 영희에게 본인만 볼 테니 나체 사진을 촬영하게 해달라고 부탁하였고, 영희의 허락을 받아 나체 사진을 촬영했습니다. 그 후 철수는 친구들에게 자랑하고 싶은 마음에 그 사진을 다른 친구들에게 보냈습니다.

위 사례에서 철수는 영희의 허락을 받고 영희의 나체 사진을 찍었으므로 촬영 자체에 대해서는 법적인 책임이 없습니다. 그러나 이를 누군가에게 보여주는 것은 별개의 문제입니다. 법에서는 동의를 받아 촬영하였다고 하더라도 그 사람의 동의 없이 해당 사진이나 영상을 다른 사람에게 퍼뜨리는 행위를 처벌하고 있기 때문입니다. 따라서 영희가 촬영만 허락한 것이지, 그 사진을 다른 사람에게 보여주는 것까지 허락한 것이 아니라면 철수는 불법촬영과 마찬가지로 처벌받을 수 있습니다.

온라인 만남이 오프라인으로 이어지는 경우

자녀가 SNS에서 대화를 하던 누군가와 현실에서 직접 만나게 되는 경우도 있습니다. 특히, 채팅 애플리케이션의 경우 잘 모르는 사이로 만나 채팅을 통하여 친밀감을 쌓은 후 실제로 한번 만나보자는 제의를 받는 경우가 많습니다. 채팅 애플리케이션은 성인 인증을 거치지 않아도 누구나 쉽게 가입할 수 있고, 상대방이 만나서 맛있는 것을 먹자고 하거나 요즘 유행하는 곳을 같이 가자고 제안하는 경우 자녀들은 쉽게 유혹에 빠질 수 있습니다. 여성가족부와 형사정책연구원이 발표한 2019년 성매매 실태조사에 의하면, 채팅 어플리케이션에서 본인인증을 요구하는 비율은 26.3퍼센트에 그쳐 미성년자도 언제든지 가입할 수 있었고, 미성년자와의 대화 사례도 성적 목적 대화(76.8%)가 가장 많았습니다.

온라인 만남이 오프라인으로 이어지는 경우 강간 또는 강제추행 등 2차 범죄가 일어나는 사례가 많으므로, 자녀에게 낯선 사람과 함부로 만나지 않도록 교육할 필요가 있습니다. 이때 상대방이 자녀에게 무언가를 해주겠다는 조건을 내걸고 자녀도 이에 응하였다면, 상대방은 미성년자와 합의하에 성교에 이르거나 스킨십을 하였다고 주장하는 경우도 있습니다. 그러나 미성년자와 합의하에 성교에 이르렀다고 하더라도 미성년자에게 조건을 제시하며 만남을 제안하는 일명 '조건만남'은 성매매로 처벌될 수 있습니다. 청소년성보호법에 의하면, 아동청소년을 대상으로 하는 조건만남은 성관계로 발전한 경우 1년 이상 10년 이하의 징역 또는 2,000만 원 이상 5,000만 원 이하의 벌금에 처해지는 중범죄입니다.

따라서 이런 경우 부모는 상대방이 성매매를 시도한 사실, 상대방이 미성년자인 것을 알고 있었던 사실을 알 수 있는 대화 내용을 확보한 후 경찰에 성매매 혐의로 신고할 수 있습니다. 조건만남을 제안받은 미성년자의 경우, 성관계에 응하였다고 하더라도 처벌받지 않고, 소년법의 보호처분도 받지 않습니다.

강간 또는 강제추행

전술했듯 SNS에서 대화를 주고받다가 상대방과 오프라인에서 만나게 되는 경우, 성범죄는 강간 또는 강제추행 등 2차 범죄로 발전하기도 합니다. 강간 또는 강제추행은 폭행 또는 협박으로 피해자와 성관계에 이르거나 피해자의 신체를 만져 성적 수치심을 일으키는 경우를 말합니다.

사례 중학생 영희는 채팅 애플리케이션에서 모르는 사람과 채팅을 하다가 상대방이 술과 떡볶이를 사준다며 만나자는 제안에 동의하였습니다. 영희는 상대방의 집에서 술과 떡볶이를 먹고 영화도 보았는데, 영화를 보던 중 상대방이 영희의 손, 가슴, 허벅지를 만져 영희가 "터치하지 말라"고 말하였으나 상대방은 영희에게 바지를 벗으라고 하였습니다. 영희는 이를 거부하면서 벗고 싶지 않다는 의사를 표현했으나 상대방은 영희를 강제로 눕혀 바지를 벗기고 성관계를 하였습니다.

강간의 경우 둘만 있는 공간에서 당사자들만 있을 때 이루어지는 사례가 많습니다. 이는 피해자의 진술만 있고 다른 증거가 없을 수 있다는 의미이기도 합니다. 그렇기 때문에 실무에서는 피해자 진술을 제외한 다른 직접적인 증거(목격자, 범행 당시의 CCTV 등)가 없다면 사건에 이르게 된 경위, 사건 장소 근처 CCTV에 촬영된 모습, 피해자가 얼마나 피해 당시의 상황을 구체적으로 진술하는지, 사건 직후 피해자의 모습 또는 조치 등을 종합적으로 고려하여 범죄사실이 있었는지를 판단합니다.

그러므로 피해자는 가해자와의 대화 내용을 보관하고, 사건 당시 신체적 피해를 입었다면 바로 병원에 가서 치료를 받고 진단서를 발급받는 것이 좋습니다. 또 보통 사건 직후에 당시 상황을 더 생생하게 묘사할 수 있기 때문에 피해자 진술의 신빙성을 높이려면 되도록 빨리 신고를 진행하는 것이 유리합니다.

> **사례** 동급생인 철수와 영희는 2박 3일로 학교 수련회를 갔습니다. 수련회 마지막 날 친구들과 밤새 이야기하고, 게임을 하며 놀던 중, 철수가 영희를 복도로 불러내 이야기를 하자고 하였습니다. 철수는 이런저런 얘기를 하다가 갑자기 영희에게 입맞춤을 하였고, 영희는 당황한 나머지 두 손으로 철수의 어깨를 밀쳐냈습니다.

강제추행은 폭행 또는 협박을 통해 피해자의 동의를 받지 않은 신체적 접촉으로 피해자에게 성적 수치심을 일으키는 범죄입니다. 즉, 힘으로 누르거나 협박을 하면서 피해자의 신체적 부위를 만지는 경우 강제추행이 성립하게 됩니다.

그리고 법원은 사례와 같이 폭행이나 협박이 없었다고 하더라도, 갑자기 벌어지는 추행을 이른바 '기습추행'으로 보고 범죄로 인정하고 있습니다. 버스나 지하철에서 갑자기 엉덩이를 치고 가는 경우라든지, 갑자기 가슴에 손을 대는 경우 등도 그러합니다.

아이와 함께 생각해보기

성범죄자의 신상, 어디까지 공개해야 할까?

현재 아동청소년을 대상으로 성범죄를 저지른 자에 대하여 신상을 공개하는 제도가 시행되고 있습니다. 관련 법률에서는 성범죄자의 신상을 등록하는 것을 의무로 두고 있고, 경우에 따라 등록 정보를 '공개'할 것인지 '고지'할 것인지 법원의 판결에 따르고 있습니다.

여기서 '공개'는 성범죄자 알림e(sexoffender.go.kr)를 통하여 사람들이 등록 정보(성명, 나이, 주소 및 실제 거주지, 키와 몸무게 등 신체 정보, 사진, 성범죄 요지, 전과 등)를 열람할 수 있도록 하는 것입니다. 그리고 '고지'는 성범죄자가 거주하는 지역에 거주하는 아동청소년이 있는 가구, 어린이집 · 유치원 · 학교의 장 등에게 우편, 메시지 등의 수단으로 성범죄자의 등록 정보를 알리는 것입니다.

법원은 성범죄자의 연령, 직업, 재범 위험성, 범행의 종류, 동기, 범행 과정 등을 종합하여 등록 정보를 공개 또는 고지할지 여부를 결정합니다. 성범죄자의 등록 정보를 공개 또는 고지하는 이익과 성범죄자가 받을 불이익을 비교하여 성범죄자의 신상을 어디까지 공개해야 할지 아이와 이야기를 나누어보시기 바랍니다.

오프라인으로 이어지는 성범죄가 더 궁금한 사람을 위한

Q & A

Q 운동복 상의와 레깅스를 입고 있는 여성의 엉덩이와 다리 부위 등 하반신을 몰래 동영상으로 촬영한 것도 처벌될까요?

반드시 노출된 신체 부분을 촬영해야만 처벌되는 것은 아닙니다. 레깅스를 입고 있는 사람이라고 하더라도 엉덩이 부위를 강조해서 사진을 찍는 등 성적 수치심을 느낄 수 있는 방법으로 신체를 촬영할 경우 처벌될 수 있습니다.

Q 불법촬영물을 전송받은 사람도 처벌되나요?

불법촬영물을 전송, 유포한 사람은 처벌되나 다른 사실관계가 있지 않다면 이를 전송받기만 한 사람은 처벌받지 않습니다.

Q 조건만남을 제안한 상대방과 실제로 만나지 않았어도 조건만남을 이유로 경찰에 신고할 수 있나요?

상대방이 성관계를 조건으로 만나자고 제안했다면, 만나지 않았다고 하더라도 아동청소년을 대상으로 성매매를 시도하였다는 사실만으로도 미수범으로 간주하여 처벌받을 수 있습니다.

Q 초등학생 자녀가 같은 반 남자아이로부터 성추행을 당한 경우, 초등학생 가해자도 처벌을 받을 수 있나요?

앞에서 설명했듯 우리 법은 만 14세 미만인 미성년자에 대해서는 형사처벌을 하지 않되, 만 10세에서 14세까지는 촉법소년이라고 하여 형사처벌 대신 소년보호처분을 받게 합니다. 그러므로 가해자가 초등학생인 경우에는 형사처벌을 받지 않고, 소년부에 송치되어 보호처분을 받을 가능성이 높습니다.

공소시효

자녀들이 성범죄 피해를 당했으나 두려움 때문에 피해 사실을 말하지 않아 부모도 피해 사실을 전혀 모르고 지나는 경우가 있습니다. 그러나 성범죄로 인한 트라우마는 성인이 되어서까지 지속되기도 합니다. 자녀가 성인이 되고 한참이 지나서 과거 성범죄 가해자에 대한 처벌을 원하는 경우 법적 책임을 물을 수 있을까요?

언제까지 가해자가 처벌될 수 있는가의 문제는 '공소시효'에 관한 것입니다. 공소시효란 어떤 범죄에 대하여 일정한 기간이 지나면 형벌권이 소멸하는 제도로, 범죄에 따라 달리 정해져 있습니다. 성범죄의 경우에도 구체적인 죄명에 따라 공소시효가 7년, 10년, 15년으로 다릅니다. 그렇기 때문에 범죄행위가 종료된 이후 일정 기간이 지났다면 가해자에 대한 처벌이 어렵습니다.

그러나 아동청소년에 대한 성범죄의 경우 특례가 적용됩니다. 13세 미만의 아동청소년에 대한 성범죄의 경우에는 공소시효가 적용되지 않으므로 언제든지 소송을 제기할 수 있습니다. 13세 이상의 아동청소년에 대한 성범죄의 경우에는 피해자가 성년에 달한 날부터 공소시효가 진행됩니다. 그중 아동청소년에 대한 강간, 강제추행죄는 DNA 증거 등 과학적인 증거가 있다면 공소시효가 10년 연장되기도 합니다.

4

우리 아이가 피해자도 가해자도 될 수 있다, 학교폭력

들어가기 전에

아이에게 좋은 것만 보여주고 싶고, 우리 아이가 상처 없이 자랐으면 좋겠다는 마음은 어떤 부모나 같을 것입니다. 그런데 종종 학교폭력 때문에 세상을 떠난 아이에 대한 뉴스, 학교폭력으로 무참하게 상처 입은 아이에 대한 뉴스를 보게 됩니다. 그런 뉴스를 볼 때마다 어른으로서 가슴이 무겁습니다.

매년 교육부가 실시하는 학교폭력실태조사 결과를 살펴보면 전체 응답률의 1~2퍼센트에 해당하는 학생들이 학교폭력 피해를 입은 경험이 있다고 응답하고 있습니다. 적은 수치라고 생각할 수 있겠지만 전국에서 하루 평균 약 130건의 학교폭력 피해학생이 발생하고 있는 셈이고, 실제 피해 학생은 더 많을 것이라는 점에서 결코 적은 숫자가 아닙니다.

학교폭력은 보통 어떤 모습으로 나타날까요? 최근 조사 결과를 보면, 여러 사람 앞에서 생김새로 놀리거나 '병신' '바보' 등 비하하는 말을 하는 언어폭력이나 집단적으로 누군가를 따돌리고 놀리는

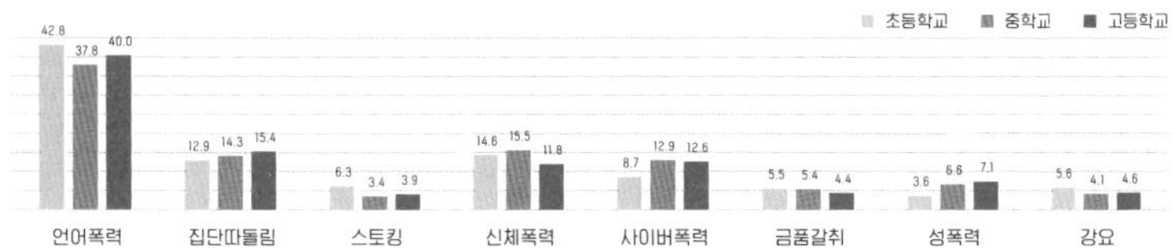

학교급별 피해 유형 비율(출처: 교육부)

집단따돌림을 당한 경우가 가장 많았습니다. 그리고 최근에는 SNS 등으로 상대를 괴롭히는 사이버폭력을 통한 학교폭력이 점점 많아지고 있습니다. 심지어 푸른나무재단이 조사한 2022년 전국 학교폭력·사이버폭력 실태조사에서는 학교폭력의 31.6퍼센트가 사이버폭력으로 나타나기도 하였습니다. 아이들의 스마트폰 사용이 늘어나면서 학교폭력의 모습이 주먹으로 때리는 것뿐만 아니라 SNS를 통해서 말과 글로 때리는 것으로까지 변하고 있는 것입니다.

치고받고 싸우지는 않으니 다행이다 싶을 수도 있겠지만, 예전에는 괴롭힘 현상이 학교 내에서만 이루어졌다면 현재는 학교와 사이버 공간에서 모두 이루어지고 있고, 사이버 공간에서는 피해자와 가해자가 직접 대면하지 않기 때문에 가해자의 폭력 수위가 더 높아질 수 있다는 점에서 피해자의 정신적 피해가 더 커진다는 문제가 있습니다.

이번 장에서는 SNS를 통해서 욕설을 듣거나 따돌림을 당하는 것도 학교폭력이 될 수 있는지, 학교폭력 피해를 입었을 때 법적으로 어떻게 대처해야 할지, 또 혹시라도 내 자녀가 학교폭력의 가해자로 지목되었을 때는 어떻게 해야 할지 등에 대하여 알아보도록 하겠습니다.

OX퀴즈

- SNS 메시지로 장난을 치거나 친구를 놀리는 것은 학교폭력이 아니다.
- 학교 밖(교외)에서 일어난 사건도 학교폭력에 해당한다.
- 학교폭력으로 신고를 하더라도 학교가 학교폭력 관련 절차를 진행하지 않을 수 있다.
- 학교폭력으로 인한 손해배상청구 소송은 가해자에게만 할 수 있다.
- 학교폭력 가해학생 조치 중 가벼운 조치는 졸업과 동시에 생활기록부에서 삭제가 되는 경우도 있다.

(정답: X O X X O)

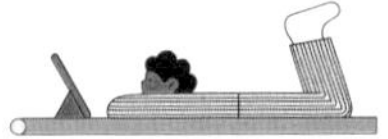

상대방의 마음을 아프게 하는 행위는 모두 폭력입니다

학교폭력 피해자인 주인공이 가해자에게 복수하는 내용으로 큰 인기를 끌었던 〈더 글로리〉(2022)라는 드라마에서는 가해자가 뜨거운 고데기로 피해자를 괴롭히는 모습이 나옵니다. 이러한 장면처럼 우리는 학교폭력이라고 하면 때리거나 몸에 상처를 입히는 행동처럼 물리적으로 상해를 입히는 경우를 많이 생각하게 됩니다.

최근에는 SNS 등을 이용해서 괴롭히는 경우 등 다양한 모습의 학교폭력이 나타나고 있습니다. 실제로 맘카페에 들어가 보면 “아이가 학교에서 이런 일을 겪었는데 학교폭력으로 신고할 수 있나요?”라는 질문을 자주 볼 수 있습니다. 그렇다면 과연 무엇이 학교폭력인지, 자녀들의 어떤 행동들이 문제가 되는지에 대해 살펴보겠습니다.

학교폭력과 사이버폭력이란?

먼저 학교폭력예방법(학교폭력예방 및 대책에 관한 법률)에서는 학교폭력을 이렇게 정의하고 있습니다.

① 학교 내외에서
② 학생을 대상으로 발생한 상해, 폭행, 감금, 협박, 약취·유인, 명예훼손·모욕, 공갈, 강요·강제적인 심부름 및 성폭력, 따돌림, 사이버 따돌림, 정보통신망을 이용한 음란·폭력 정보 등에 의하여
③ 신체·정신 또는 재산상의 피해를 수반하는 행위

즉, 학교 안과 밖에서 학생을 대상으로 발생한 사건들은 모두 학교폭력이 될 수 있습니다. 같은 학교 학생이지만 학원에서 다툼이 발생한 경우, 또는 같은 학교 학생이지만 집 앞 놀이터에서 다툼이 발생한 경우, 다른 학교 학생이지만 학원에서 알게 되어 자녀에게 SNS로 욕설을 보내는 경우 등 반드시 학교에서 벌어진 사건이 아니더라도 학교폭력이 될 수 있습니다.

또 '폭력'이란 단지 신체에 힘을 가하는 행동만을 일컫는 것이 아니고, 강제적인 심부름, 사이버 따돌림 등 신체, 정신, 재산의 피해를 주는 행동을 모두 포함합니다. 그래서 가해자 본인은 장난이라고 생각하고 행동했다고 해도 피해를 당한 사람이 장난이 아니라고 느끼면 폭력이 될 수 있습니다. 우리 법에서는 보통 학교폭력의 유형을 다음과 같이 나누고 있습니다.

유형	예시 상황
신체 폭력	• 신체를 손, 발로 때리는 등 고통을 가하는 행위(상해, 폭행) • 일정한 장소에서 쉽게 나오지 못하도록 하는 행위(감금) • 강제(폭행, 협박)로 일정한 장소로 데리고 가는 행위(약취) • 상대방을 속이거나 유혹해서 일정한 장소로 데리고 가는 행위(유인) • 장난을 빙자한 꼬집기, 때리기, 힘껏 밀치기 등 상대 학생이 폭력으로 인식하는 행위
언어 폭력	• 여러 사람 앞에서 상대방의 명예를 훼손하는 구체적인 말(성격, 능력, 배경 등)을 하거나 그런 내용의 글을 인터넷, SNS 등으로 퍼뜨리는 행위(명예훼손) ※ 내용이 진실이라고 하더라도 범죄이고, 허위인 경우에는 형법상 가중처벌 대상이 됨 • 여러 사람 앞에서 모욕적인 용어(생김새에 대한 놀림, '병신' '바보' 등 상대방을 비하하는 내용)를 지속적으로 말하거나 그런 내용의 글을 인터넷, SNS등으로 퍼뜨리는 행위(모욕) • 신체 등에 해를 끼칠 듯한 언행('죽을래' 등)과 문자메시지 등으로 겁을 주는 행위(협박)
금품 갈취 (공갈)	• 돌려줄 생각이 없으면서 돈을 요구하는 행위 • 옷, 문구류 등을 빌린다며 되돌려주지 않는 행위 • 일부러 물품을 망가뜨리는 행위 • 돈을 걷어오라고 하는 행위
강요	• 속칭 빵 셔틀, 와이파이 셔틀, 과제 대행, 게임 대행, 심부름 강요 등 상대방의 의사에 반하는 행동을 강요하는 행위(강제적 심부름) • 폭행 또는 협박으로 상대방의 권리행사를 방해하거나 해야 할 의무가 없는 일을 하게 하는 행위(강요)
따돌림	• 집단적으로 상대방을 의도적이고 반복적으로 피하는 행위 • 싫어하는 말로 바보 취급 등 놀리기, 빈정거림, 면박주기, 겁주는 행동, 골탕 먹이기, 비웃기 • 다른 학생들과 어울리지 못하도록 막는 행위
성폭력	• 폭행·협박을 하여 성행위를 강제하거나 유사 성행위, 성기에 이물질을 삽입하는 등의 행위 • 상대방에게 폭행과 협박을 하면서 성적 모멸감을 느끼도록 신체적 접촉을 하는 행위 • 성적인 말과 행동을 함으로써 상대방이 성적 굴욕감, 수치감을 느끼도록 하는 행위

사이버 폭력	• 사이버 언어폭력, 사이버 명예훼손, 사이버 갈취, 사이버 스토킹, 사이버 따돌림, 사이버 영상 유포 등 정보통신기기를 이용하여 괴롭히는 행위 ※ 특정인에 대해 모욕적 언사나 욕설 등을 인터넷 게시판, 채팅방, 카페 등에 올리는 행위 특정인에 대한 저격 글이 그 한 형태임 • 특정인에 대한 허위 글이나 개인의 사생활에 관한 사실을 인터넷, SNS 등을 통해 불특정 다수에 공개하는 행위 • 성적 수치심을 주거나 위협하는 내용, 조롱하는 글, 그림, 동영상 등을 정보통신망을 통해 유포하는 행위 • 공포심이나 불안감을 유발하는 문자, 음향, 영상 등을 휴대폰 등 정보통신망을 통해 반복적으로 보내는 행위

학교폭력 유형(출처: 교육부)

이렇듯 신체 폭력뿐만 아니라 '빵 셔틀'과 같은 강요, 따돌림, 언어폭력, 사이버폭력 등이 모두 학교폭력이 될 수 있습니다. 최근에는 그중 SNS 등을 이용한 사이버불링(CyberBullying) 또는 사이버폭력으로 인한 피해가 늘고 있습니다. 방송통신위원회가 2021년 9월 9일부터 2022년 8월 31일까지 전국 초등학생(4학년~6학년), 중학교, 고등학생, 성인들을 대상으로 실시해 발표한 「2022년 사이버폭력 실태조사 보고서」를 보면, 청소년 10명 중 4명(41.6%)이 최근 1년간 사이버폭력을 경험했다고 대답했습니다. 이 중 사이버폭력 가해 경

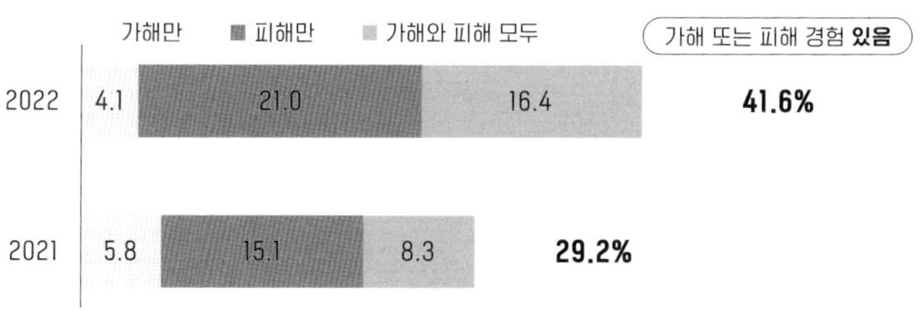

사이버폭력 경험(출처: 방송통신위원회)

험률은 4.1퍼센트, 피해 경험률은 21퍼센트, 사이버폭력 가해 및 피해를 모두 경험한 비율은 16.4퍼센트로, 아이들이 언제든지 사이버폭력의 피해자도 가해자도 될 수 있는 것으로 나타났습니다.

사례 • 영희는 반에서 인기가 많은 여학생입니다. 그런데 어느 날 친구들의 따가운 시선이 느껴져서 이상하다고 생각하고 있었는데 알고 보니 SNS에 영희의 속옷이라면서 속옷 사진과 함께 영희가 누구누구와 사귀다 헤어졌으며 '걸레'라는 내용의 글이 올라와 있었습니다.

• 철수는 어느 날 저녁, 반 친구들의 단체 대화방에 초대되었습니다. 친하지 않은 친구들이라 불편한 마음에 단체 대화방에서 나갔지만, 친구들은 계속 철수를 단체 대화방에 초대했고, 철수의 스마트폰은 계속되는 알람과 대화로 배터리가 1시간 만에 방전되고 말았습니다. 철수는 친구들에게 자신을 초대하지 말라고 하였으나, 친구들은 몇 달 동안 계속 철수를 단체 대화방에 초대하면서 괴롭혔습니다.

최근 자주 문제가 되는 사례들입니다. 물리적인 폭력이 아니더라도 영희의 사례와 같이 SNS에 '걸레' 등 기분 나쁘고 모욕적인 말을 올리는 행위도 사이버폭력이자 학교폭력이 될 수 있습니다. 또 철수의 사례와 같이 단체 대화방에 계속 초대해서 괴롭히는 행위도 사이버폭력이자 동시에 학교폭력이 될 수 있습니다. 카톡 감옥(여러 명의 학생들이 한 학생을 단체 대화방에 지속적으로 초대하여 나가지 못하게 가두어 괴롭히는 행위), 방폭(피해학생을 단체 대화방에 초대해놓고 모두가 다 퇴장하여 사이버상에서 왕따를 시키는 행위), 떼카(단체 대화방에 한 사람을 초대하여 단체로 욕을 하며 괴롭히는 행위) 등도 마찬가지입니다. 결국, 피해자의 입장에서 정신적으로 괴로운 일 또는 경제적으로 손해를 입은 행위는 모두 사이버폭력이자 학교폭력이 될 수 있습니다.

한편 자녀가 학교폭력 또는 사이버폭력 등의 피해를 입고 있다

가정에서	• 표정이 어둡고 평소보다 기운이 없다. • 이름만 불러도 놀라는 등 사소한 일에도 크게 반응하고 평소보다 예민하다. • 학교 가는 것을 싫어하거나 두려워한다. • 이유없이 결석을 하거나 전학시켜 달라고 말한다. • 몸에 상처나 멍 자국이 자주 발견되고 혼자 있고 싶어 한다. • 절망감(예: 죽고 싶다)이나 복수심(예: 죽어라)을 표현하는 낙서가 있다.
학교에서	• 친구들이 자신을 험담해도 반발하지 않는다. • 모둠 활동이나 학급 내 다양한 활동 시 소외되거나 배제된다. • 쉬는 시간, 점심시간에 친구들을 피해 종종 자신만의 공간(화장실 등)에 머문다. • 옷이 망가지거나 준비물, 소지품을 잃어버리는 일이 잦다. • 학교행사나 단체 활동에 참여하지 않으려고 한다. • 특별한 사유 없이 지각, 조퇴, 결석하는 횟수가 많아진다.
사이버폭력 피해 징후	• 불안한 기색으로 정보통신기기를 자주 확인하고 민감하게 반응한다. • 단체 채팅방에서 반복적으로 공격을 당한다. • 용돈을 많이 요구하거나 정보통신기기의 사용 요금이 지나치게 많다. • 부모가 자신의 정보통신기기를 만지거나 보는 것을 극도로 싫어하고 민감하게 반응한다. • 문자메시지나 메신저를 본 후에 당황하거나 정서적으로 괴로워 보인다. • 사이버상에서 이름보다는 비하성 별명이나 욕으로 호칭되거나 야유나 험담이 많이 올라온다. • SNS의 상태 메시지나 사진 분위기가 우울해지거나 부정적으로 바뀐다. • 컴퓨터 혹은 정보통신기기를 사용하는 시간이 지나치게 많다. • 잘 모르는 사람들이 자녀의 이야기나 소문을 알고 있다. • 갑자기 휴대전화 사용을 꺼리거나 SNS 계정을 탈퇴한다.

학교폭력·사이버폭력 피해 징후(출처: 교육부)

면, 말로 하지 않아도 행동으로 이미 표현하고 있는 경우도 많습니다. 특히 자녀가 앞의 표에서 다룬 것과 같은 피해 징후를 보인다면 주의를 기울여서 자녀를 살펴볼 필요가 있습니다.

아이와 함께 생각해보기

학교폭력 가해자의 인권, 어디까지 보호해야 할까?

학교폭력예방법은 가해학생에 대하여 피해학생에 대한 서면사과, 피해학생과 접촉 등의 금지, 학급교체 등의 조치를 할 수 있도록 정하고 있습니다. 그런데 한 학생이 학교폭력을 이유로 학교 학교폭력대책심의위원회에서 서면사과 등의 조치를 받자 위 법 조항이 양심의 자유와 행동자유권을 침해하는 것으로 위헌이라고 주장하였습니다. 이에 대해 아이와 함께 학교폭력 가해학생에게 요구하는 위 조항을 어떻게 생각하는지, 가해학생의 인권을 어디까지 이해해주어야 할지에 관해 이야기를 나누어보세요.

참고로 헌법재판소는 위 사안(2019헌바93, 2019헌바254 결정)에서, 서면사과 조항은 가해학생에게 반성과 성찰의 기회를 제공하고 피해학생의 피해 회복과 정상적인 학교생활로의 복귀를 돕기 위한 교육적 조치로 볼 수 있고, 다른 조치들과 달리 불이행시 다른 조치를 추가로 요청하는 등 강제하는 수단을 두고 있지 않다는 점에서 가해학생의 양심의 자유와 인격권을 과도하게 침해하지 않는다고 판단했습니다. 또, 피해학생과 접촉 등을 금지하는 조항과 학급교체 조항 역시 피해학생과 신고, 고발한 학생의 안전한 학교생활을 위한 불가결한 조치로서 가해학생의 인격권을 침해하지 않는다고 판단했습니다.

학교폭력,
이렇게 대처하세요

자녀가 학교폭력을 당했다는 사실을 알게 되면 손발이 떨리고 머릿속이 하얗게 될 것입니다. 하지만 부모는 어떤 순간에도 자녀를 지켜야 하므로 제일 먼저 자녀의 마음을 돌보고, 침착하게 상황에 대처해야 합니다.

학교폭력을 마주하는 부모의 자세

학생 때 범죄 피해를 입었지만 부모님에게 미처 그 사실을 털어놓지 못해서 제대로 조치를 취하지 못했던 경우들을 종종 볼 때가 있습니다. "왜 부모님에게 말하지 않았냐"라고 질문하면 보통 두 가지 유형의 대답이 나옵니다. 첫째는 "부모님은 저에게 관심도 없었어요" 내지는 "부모님이 제 탓이나 했겠죠"라는 부모님을 신뢰하지 못한 타입이고, 둘째는 "부모님이 걱정할까 봐요"라는 착한 아이 타입입니다. 두 가지 유형 모두 정말 안타까운 상황입니다.

자녀의 피해 사실을 알게 됐을 때 부모의 반응이 자녀의 마음을 다시 한번 다치게 할 수 있다는 점을 기억하고, 자녀의 마음을 최우선 순위로 살펴주세요. 한 번 상처를 받은 마음은 자녀의 인생에 계속 걸림돌이 되거나 우울증으로 이어질 수 있습니다. 또 자녀가 만약 가해자로 지목받았다고 하더라도 자녀도 처음 겪는 상황에 많이 놀라고 무서울 것이므로, 다그치거나 상황을 무마하려고 하지 말고 진상을 올바르게 파악하고 대면할 수 있도록 도와야 합니다.

자녀의 마음을 살핀 다음에는 앞으로의 과정이 부모의 화를 풀거나 슬픔을 치유하기 위한 것이 아니라는 점을 반드시 기억해야 합니다. 부모의 역할은 '자녀가 앞으로 올바르게 자라도록 돕는 것'이라는 점을 반드시 기억하고, 내가 하고자 하는 행동이 이 역할에 맞는 것인지를 생각해보아야 합니다.

여러 드라마, 영화 속에서 어린 시절 학교폭력 피해를 입은 인물이 가해자에게 복수하는 서사를 다루고, 많은 사람이 이를 보며 카타르시스를 느낍니다. 하지만 가만히 생각해보면 피해자가 온 인생을 바쳐서 복수하는 것이 피해자의 인생에서 바람직하지만은 않은 것 같습니다. 피해자가 하고 싶은 일과 해야 할 일을 포기하고 복수에 매달린다고 해서 피해자의 인생이 행복해지는 것은 아니기 때문입니다. 그러므로 자녀의 피해 사실을 알고서 '가해자를 어떻게 혼내줄까' 또는 '사과를 받아서 화를 풀어야겠다'에 초점을 맞추지 말고, 어떻게 자녀가 이 일로 상처받지 않고 행복한 인생을 이끌어 나갈 수 있을까, 어떻게 자녀가 무기력함을 느끼지 않고 지지받는다는 느낌을 받을 수 있을까에 초점을 맞추는 것이 좋습니다.

한편, 자녀의 피해 사실을 알고 나면 많은 부모가 가만히 있어야 할까, 학교폭력으로 신고를 해야 할까를 두고 고민을 합니다. 이때 너무 부모가 앞서서 결정하지 않아야 합니다. 자녀가 얼마나 오래 피해를 당했는지, 가해학생에게 어떻게 해줬으면 좋겠는지에 대해 이야기를 나눠보고, 자녀의 목소리에 귀 기울여주는 것이 우선입니다.

가끔 자녀의 피해 사실을 알고 나서 이 일이 알려졌을 때 자녀가 부끄러울까 봐 또는 그냥 넘어가는 것이 더 자녀에게 도움이 된다는 생각에 자녀에게 제대로 이야기하지 않고 부모가 가해자와 합의를 하고 문제를 덮어버리거나, 자녀와의 충분한 대화 없이 전학을 가는 경우가 있습니다. 이러한 부모의 일방적인 행동은 자녀에게 큰 상처가 됩니다. 그러므로 자녀와 충분히 대화를 나누고 어떻게 대처할지 정해야 합니다.

신고해도 학교는 도와주지 않을 것이다, 어차피 가해자는 처벌받지 않을 것이다, 라는 이유 때문에 신고를 망설이는 경우도 있습니다. 물론 사건을 키우지 않으려는 학교나 사건 관계자들이 어딘가에는 있을 수 있습니다. 그래도 세상에는 아직 선한 사람과 책임감 있는 사람 들이 많이 있습니다. 다만 대체로 사람들은 선한 사람에게 선하게, 책임감 있는 사람에게 책임감 있게 굴기 마련입니다. 학교는 도와주지 않을 것이다라는 부정적인 태도로 담임선생님에게 적대적인 모습을 표출하면 선생님도 도움을 주기 어렵습니다. 학교도, 경찰도, 변호사도 모두 부모인 내가 자녀를 위해 도움을 받아야 하는 사람들입니다. 내 아이가 신고를 원한다면 나를 도와줄 사람들에게 불필요하게 날을 세우는 모습을 보이기보다 그들의 도움을 적극적으로 끌어낼 수 있는 태도가 필요하다는 것을 명심하세요.

많은 사람이 '학교폭력 증거가 없는데 어떻게 해야 하는지'를 고민합니다. 피해 사실을 직접 경험한 피해자의 진술도 중요한 증거입니다. 다만, 피해자의 진술과 가해자의 진술이 엇갈릴 때 피해자의 진술을 뒷받침하는 증거가 필요할 수 있습니다. 피해자가 피해를 당한 즉시 썼던 일기, 피해 당시에 친구나 선생님에게 고민을 털어놓았거나 SNS를 통해 연락을 보낸 것도 모두 증거가 될 수 있습니다.

자녀의 피해 사실을 알고 흥분한 상태에서는 이러한 작은 증거들이 눈에 보이지 않을 수 있습니다. 그러므로 '증거가 없다'는 이유로 망설여질 때는 변호사 등 전문가와 함께 이야기를 나누면서 증거를 찾고, 정리하는 것이 도움이 됩니다. 또는 학교폭력 신고를 하면 절차상 학교폭력 전담기구가 사안조사를 하게 되므로, 그때 가해자나 목격자의 진술 등이 증거로 수집될 수도 있습니다. 따라서 증거가 없다고 신고 자체를 하지 않기보다는 어떤 방법으로 증거를 마련할 수 있을지 방법을 강구하면 됩니다.

피해자를 만나다 보면, 피해를 입은 사실을 쉽게 잊지 못한다는 생각이 듭니다. 문득 문득 피해를 입었던 상황과 그 상황에서 본인이 무기력했던 것이 계속 생각나고, 그로 인해 우울감을 느끼는 경우를 많이 봅니다. 그러니 보복이 무서워서, 가해자들이 무겁게 처벌받지 않을까 봐 등 결과에 대한 걱정 때문에 신고를 하지 않는 것은 자녀에게 결코 바람직하지 않습니다. 분명 피해를 입었는데 부모가 '그냥 넘어가자'라고 하거나 '해봤자 손해다'라는 말을 했을 때 자녀는 굉장히 큰 좌절감과 무력감을 느끼게 되므로 자녀의 상처가 회복되기 위해서라도 신고를 하고, 정해진 절차에 따라 가해자가 처벌을 받도록 해야 합니다.

물론 신고를 했는데 예상했던 것보다 가해자가 처벌을 가볍게 받을 수도 있습니다. 하지만 신고를 하고 문제를 제기하는 첫 번째 목표는 '가해자가 무겁게 처벌받고, 내 자녀만큼 가해자를 힘들게 하는 것'이 아닙니다. 자녀의 입장에서 중요한 것은 '내가 피해를 당했을 때 부모를 비롯한 주변 사람들이 나를 지지하고 도와준다'는 경험을 하는 것, 또 '내가 피해를 당한 뒤 도망가지 않고 할 수 있는 일을 다 했고, 가해자가 이로 인해 처벌을 받았다'는 경험입니다.

마지막으로 상처받은 자녀의 모습에 너무 흥분하여 가해자에게 직접 복수하겠다거나 가해자를 직접 혼내주겠다는 태도는 새로운 법적 분쟁을 발생시킬 수 있습니다. 예를 들어 자녀가 학교폭력 피해를 당했다고 부모가 가해자를 찾아가서 직접 혼내는 경우가 있는데요. 아무리 자녀를 위해서 그랬다고 하더라도 법이 봤을 때는 성인이 미성년자를 학대하고 괴롭힌 심각한 범죄행위입니다. 이러한 행위는 상대방에게 공격할 빌미를 줄 뿐입니다. 나아가 자녀가 어떤 문제가 닥쳤을 때 '피해를 입어도 법에 기댈 수 없구나'라는 잘못된 교훈을 얻을 수 있습니다. 그러므로 냉정하게 상황을 파악하고, 자녀를 위한 방법을 찾아나가는 것이 자녀에게 교육적으로도 좋습니다.

증거 수집 방법

상담을 할 때 자주 하는 말이 있습니다.

"증거를 보여주세요."

법률 분쟁이 발생했을 때 가장 중요한 것은 증거를 확보하고, 그 증거로 사실관계를 설명하는 일입니다. 자녀와 관련한 분쟁이 발생했을 때 부모가 해야 할 가장 중요한 일 중 하나는 증거를 찾고 남겨두는 일입니다. 피해자니까 '누군가가 알아서 도와주겠지'라고 생각할 수도 있겠지만 판사도, 변호사도 신이 아니므로 당시 어떤 일이 있었는지 당연히 알지 못합니다. 따라서 피해를 입은 자녀가 피해를 100퍼센트 인정받기 위해, 또 자녀가 억울하게 가해자로 몰리지 않도록 충격과 분노를 억누르고 증거를 모아야 합니다. 증거를 모으는 대표적인 방법은 다음과 같습니다.

SNS와 메신저 캡처

간혹 자녀의 카카오톡이나 SNS에서 자녀가 따돌림을 당하고 있거나 저격을 당한 글을 발견하고는 혹여 자녀가 상처를 입을까, 혹은 홧김에 '당장 단톡방을 나와라' 또는 '인스타그램을 탈퇴해라'라는 말을 하는 부모가 있습니다. 그러나 카카오톡 단톡방에서 나와버리면 당시의 대화를 복구하는 것은 거의 불가능에 가깝습니다. 그리고 인스타그램을 탈퇴한 뒤 가해학생이 해당 게시물을 삭제하면 다시는 그 게시물을 찾을 수가 없게 됩니다. 이럴 경우 자녀가 피해를 당했다는 사실을 입증하기가 어려워집니다. 그러므로 자녀의 SNS에서 학교폭력의 정황을 발견했다면 게시글이나 댓글을 누가, 언제 썼는지가 모두 나오도록 화면을 캡처해서 보관하거나 해당 화면 자체를 사진이나 동영상으로 남겨둬야 합니다.

병원 방문 및 진단서 발급

만약 신체적 폭행이 있었다면 되도록 병원을 방문해서 진단서를 발급받아야 합니다. 또 신체적 폭행은 없었더라도 괴롭힘이나 학교폭력으로 인하여 트라우마가 남거나 우울증, 공황장애 등 정신적인 피해를 경험하는 경우가 많습니다. 어렸을 때의 상처를 제대로 치료하지 않을 경우, 어른이 되어서까지 계속 고통을 호소하면서 그 상처에서 헤어나오지 못하는 경우를 자주 만납니다. 그러므로 자녀가 정신적으로 고통을 겪고 있는 경우 또한 적극적으로 병원을 방문하여 치료를 받고 그에 대한 진단서 등 자료를 남겨놓아야 합니다.

자녀의 이야기를 시간 순서대로 정리하기

피해자가 자신이 경험한 사실을 시간 순서대로 이를 뒷받침할 수 있는 증거와 함께 정리해두면 학교폭력 절차나 경찰 조사 과정에 큰 도움이 될 수 있습니다. 아무래도 시간이 지날수록 기억이 흐려지므로, 기억이 가장 선명한 사건 직후에 시간 순서대로 사실관계를 정리해야 합니다. 또 피해자의 진술이 조사 과정에서 달라지면 자녀에게 불리하므로, 다음 표와 같이 사실관계를 정리해두면 일관되게 이야기할 수 있습니다.

날짜	내용	자료
2023.07.01	A가 카톡으로 ***라는 내용을 보내왔음	카톡
2023.07.15	학교에서 A에게 "………"이라는 말을 들었음	×

증거 출처 정리 예시

문제는 부모가 자녀에게 무슨 일이 있었냐고 물어보면 자녀가 '몰라'라고 대답하거나 제대로 이야기를 해주지 않는 경우가 많다는 것입니다. 급하고 답답한 마음에 자녀를 재촉해보지만 자녀는 입을 닫고 이야기하지 않거나 엉뚱한 말을 하고, 그러면 부모 입장에서는 답답한 마음에 언성이 높아져서 사이가 틀어지기도 합니다.

사실 자녀들은 본능적으로 부모님을 걱정하기에, 자기가 겪은 일을 이야기하면 부모님이 힘들어할 것 같아 차마 이야기를 하지 못하는 경우가 많습니다. 그러므로 자녀에게 문제가 생겼을 때 아무리 마음이 무너지더라도 부모는 자녀에게 의연한 자세를 보여주어야 합니다.

자녀가 어떻게 말을 해야 할지 몰라서 말을 하지 못하는 경우도 있습니다. 어린 자녀의 입장에서는 언제, 어디서, 무슨 일이 있었는지 말하는 것이 굉장히 어려울 수 있습니다. 이럴 때는 자녀에게 일기를 쓰는 것처럼 어떤 일이 있었는지를 먼저 써보도록 하고, 사이사이 질문을 통해 사실관계를 정리하세요. 어떤 질문을 하는가에 따라 더 구체적인 답변을 끌어낼 수 있으므로 전문가의 도움을 받는 것도 도움이 됩니다.

학교폭력 신고하기

자녀가 SNS 등으로 괴롭힘을 당했다거나 학교폭력이 발생했을 때는 크게 두 가지 방법으로 신고를 할 수 있습니다.

먼저 학교에 신고하는 방법이 있습니다. 담임선생님이나 생활지도부 선생님, 교감선생님 등에게 직접 피해 사실을 말하거나, 직접 말하는 것이 어렵다면 학교 안에 있는 학교폭력 신고함에 신고서를 넣어도 됩니다. 다른 방법에 비하여 빠른 접수가 가능하고 절차 처리도 빠른 편입니다.

간혹 학교 측에서 경미한 사안이라고 판단하여 '학생을 교육하겠다' '증거가 부족하다' 등의 이유를 들며 자의적으로 해결하려는 경우가 있습니다. 그러나 학교에 학교폭력 사안이 접수되면 학교는 학교폭력 전담기구를 통해 사안조사를 반드시 하는 것이 법에서 정한 원칙이고, 이 원칙을 위반할 경우 사후에 문제가 커지기 때문에 그런 경우가 많지는 않습니다. 만약 학교 측에서 이렇게 반응한다면, 학교폭력 절차 진행을 원한다는 의사를 강력히 밝히고 진행하지 않을 경우 경찰서에 신고하겠다는 의사를 밝혀야 합니다.

117 학교폭력 신고센터에 전화하는 방법도 있습니다. 117 학교폭력 신고센터는 전국에서 발생하는 모든 학교폭력 사안에 대해 신고를 받고 있습니다. 전화뿐만 아니라 문자, 채팅 상담 등으로도 신고가 가능합니다. 117에 신고를 하면 117 학교폭력 신고센터를 거쳐 학교에 신고가 접수되고, 이후 학교에 신고한 것과 같은 절차가 진행됩니다. 이곳에서는 간단한 법률상담도 가능합니다.

경찰에 신고하는 방법

자녀가 학교 친구가 아니라 SNS에서 모르는 사람으로부터 괴롭힘을 당했다거나, 자녀가 성범죄 등 심각한 피해를 입었다거나, 학교 측에서 미온적으로 대응해 더 강력하게 대처하고 싶다면 경찰에 신고해서 형사절차를 진행하는 것을 고려할 수 있습니다. 다만, 법에 '…범죄는 처벌합니다'라고 정해져 있는 경우에만 경찰에 신고할 수 있으므로 가해자를 경찰에 신고하기 위해서는 가해자의 행동이 법에서 정한 범죄에 해당되는지를 먼저 따져 보아야 합니다. 대표적으로 학교폭력과 관련된 범죄는 다음과 같습니다.

SNS로 협박성 메시지를 받은 경우

사례 철수는 영희에게 SNS로 '내 말을 듣지 않으면 네가 한 일을 다 퍼트리겠다'라는 내용의 메시지를 보냈습니다. 영희가 특별히 반응하지 않자 철수는 영희에게 계속 전화를 걸었고, 영희가 전화를 받지 않자 카카오톡으로 '전화를 안 받으면 죽이겠다'라는 내용의 메시지를 계속 보냈습니다.

사례와 같이 SNS로 공포심을 생기게 할 만한 내용을 전송할 경우 협박죄가 될 수 있고, 3년 이하의 징역, 500만 원 이하의 벌금, 구류 또는 과료에 처해질 수 있습니다. 다만, 가해자가 단순한 감정적인 욕설 내지 일시적 분노의 표시로 '두고보자'고 하거나 싸우던 중 흥분해서 '죽여버리겠다'고 하는 등 실제로 협박한 내용을 실행할

학교폭력 유형	범죄
폭행, 상해	폭행죄, 상해죄
협박, 강요	협박죄, 강요죄
공포, 불안정보 송신	정보통신망법 위반죄
스토킹	스토킹처벌법 위반죄
사이버명예훼손	정보통신망법 위반죄
모욕	모욕죄
통신매체를 이용한 음란행위	통신매체이용음란죄
불법촬영물을 통한 협박, 강요	카메라등이용촬영죄

학교폭력 유형과 그에 성립되는 범죄

의사가 없다고 볼 만한 사정이 있을 때는 협박죄가 성립하지 않습니다. 따라서 어떤 상황에서 SNS로 어떤 구체적인 메시지가 오고 갔는지에 따라 협박죄가 될 수도 있고, 되지 않을 수도 있습니다.

문자나 SNS 메시지로 '전화를 안 받으면 죽이겠다' 등의 공포심이나 불안감을 유발하는 내용의 메시지를 보내는 경우 정보통신망법 위반죄가 될 수 있습니다. 이 경우 1년 이하의 징역 또는 1,000만 원 이하의 벌금에 처해질 수 있습니다. 참고로 협박죄와 정보통신망법 위반죄는 반의사불벌죄로, 피해자가 처벌을 원하지 않으면 가해자가 처벌되지 않습니다.

한편, 폭행 또는 협박으로 권리행사를 방해하거나 본인이 타인에게 의무 없는 일을 하게 만드는 권리가 없음에도 그러한 일을 하게 할 경우 강요죄가 될 수 있습니다. 즉, SNS로 협박을 하면서 고가의 물건을 달라고 압박하거나 강제로 어떤 일을 시키는 경우에 강요죄가 될 수 있고, 이 경우 5년 이하의 징역 또는 3,000만 원 이하의 벌금에 처해질 수 있습니다.

스토킹범죄의 경우

상대방이 원하지 않는데도 정당한 이유 없이 어떤 행위들을 지속적 또는 반복적으로 하여 상대방에게 불안감 또는 공포심을 일으키는 것을 '스토킹범죄'라고 합니다. 우리 법에서는 다음 행위를 스토킹범죄로 규정하고 있습니다.

① 상대방 또는 그의 동거인, 가족(이하 '상대방등')에게 접근하거나 따라다니거나 진로를 막아서는 행위
② 상대방등의 주거, 직장, 학교, 그 밖에 일상적으로 생활하는 장소(이하 '주거등') 또는 그 부근에서 기다리거나 지켜보는 행위
③ 상대방등에게 우편, 전화, 팩스 또는 「정보통신망 이용촉진 및 정보보호 등에 관한 법률」 제2조 제1항 제1호의 정보통신망(이하 '정보통신망')을 이용하여 물건이나 글, 말, 부호, 음향, 그림, 영상, 화상(이하 '물건등'이라 한다)을 도달하게 하거나 정보통신망을 이용하는 프로그램 또는 전화의 기능에 의하여 물건등이 상대방등에게 나타나게 하는 행위
④ 상대방등에게 직접 또는 제3자를 통하여 물건등을 도달하게 하거나 주거등 또는 그 부근에 물건등을 두는 행위
⑤ 상대방등의 주거등 또는 그 부근에 놓여져 있는 물건등을 훼손하는 행위
⑥ 다음의 어느 하나에 해당하는 상대방등의 정보를 정보통신망

을 이용하여 제3자에게 제공하거나 배포 또는 게시하는 행위

1)「개인정보 보호법」 제2조제1호의 개인정보

2)「위치정보의 보호 및 이용 등에 관한 법률」 제2조 제2호의 개인위치정보

3) 1) 또는 2)의 정보를 편집 합성 또는 가공한 정보(해당 정보주체를 식별할 수 있는 경우로 한정한다)

⑦ 정보통신망을 통하여 상대방등의 이름, 명칭, 사진, 영상 또는 신분에 관한 정보를 이용하여 자신이 상대방등인 것처럼 가장하는 행위

따라서 가해자가 자녀에게 카카오톡이나 인스타그램 DM 등으로 반복적으로 글이나 사진 등을 보내서 협박을 하거나 괴롭히는 경우, 또는 가해자가 자녀의 학교 주변에 와서 자녀를 기다리거나 지켜보는 경우 스토킹범죄가 될 수 있습니다.

이 경우 경찰에 신고하면서 '긴급응급조치'를 요청할 수 있습니다. 그러면 경찰은 다음과 같은 조치를 취합니다. 만약 가해자가 긴급응급조치를 위반한다면 1년 이하의 징역 또는 1,000만 원 이하의 벌금이 부과됩니다.

① 스토킹행위의 상대방이나 그 주거등으로부터 100미터 이내의 접근 금지

② 스토킹행위의 상대방에 대한 「전기통신기본법」 제2조제1호의 전기통신을 이용한 접근 금지

긴급응급조치는 한 달 이내로 기간이 제한되므로, 범죄가 재발할 우려가 있다면 경찰에게 '잠정조치'를 해달라고 요청할 수도 있습니다. 그러면 경찰이 검사를 통해서 법원에 잠정조치를 신청하고, 법원이 잠정조치를 하라고 결정하면 다음과 같은 조치가 하나 또는 동시에 취해질 수 있습니다.

① 피해자에 대한 스토킹범죄 중단에 관한 서면 경고
② 피해자 또는 그의 동거인, 가족이나 그 주거등으로부터 100미터 이내의 접근 금지
③ 피해자 또는 그의 동거인, 가족에 대한 「전기통신기본법」 제2조 제1호의 전기통신을 이용한 접근 금지
④ 위치추적 전자장치의 부착
⑤ 국가경찰관서의 유치장 또는 구치소에의 유치

한편, 스토킹범죄는 반의사불벌죄로 피해자가 처벌을 원하지 않으면 가해자가 처벌되지 않습니다.

손해배상 받는 법

자녀가 학교폭력 피해를 당하고 고통받은 시간과 눈물을 돈으로 어떻게 보상받겠느냐는 생각에, 또 괜히 돈 이야기를 꺼내면 '돈 때문에 그랬느냐'는 오해를 받을까 피해자와 부모 들은 손해보상에 대해 소극적인 경우가 많습니다. 그러나 학교폭력으로 고통을 받

은 것도 억울한데 이로 인한 정신적, 육체적 손해에 더해 경제적 손해까지 피해자가 부담해야 한다면 이는 너무나도 부당한 일입니다. 더욱이 만약 자녀의 부상이 커서 향후 장애가 남을 수 있는 상황이라면 이러한 피해는 배상받아야 마땅합니다. 학교폭력으로 인한 손해를 배상받을 수 있는 방법을 꼭 알아두고 적극적으로 손해를 배상받기를 바랍니다.

학교안전공제회를 통한 배상

학교안전공제회는 학생안전사고로 인해 생명, 신체에 피해를 입은 학생에 대해 신속하게 보상을 해주기 위한 기관입니다. 학교에서 다친 경우, 학교안전공제회에 사고통지를 하면 공제회에서 치료비 등을 지원받을 수 있습니다. 또한 학교폭력 피해학생에 대해서도 지원을 하고 있습니다.

학교폭력 절차상 피해학생은 가해학생에게 전문가에 의한 심리상담 및 조언, 치료 및 치료를 위한 요양 조치 등을 요구할 수 있고 이에 사용되는 비용 등은 가해학생의 보호자가 부담해야 합니다. 그런데 가해학생 측이 비용이 너무 많다거나 본인의 책임이 없다고 다투는 경우 당장 필요한 비용을 받는 것이 어려울 수 있습니다. 이때 법은 피해학생의 신속한 치료를 위하여 학교안전공제회가 먼저 해당 비용을 부담하고 학교안전공제회가 가해학생 측에게 그 비용을 청구하도록 정하고 있습니다.

따라서 피해자는 학교안전공제회에 간단한 청구서와 증빙 자료를 제출하면 비교적 신속하게 피해보상을 받을 수 있습니다. 다만, 이때 청구할 수 있는 비용은 치료와 관련하여 실제 소요된 비용이

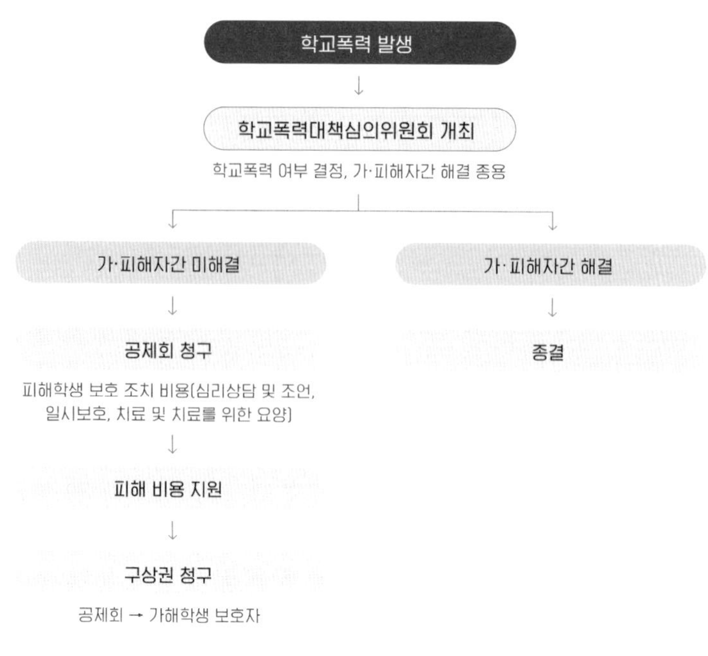

학교안전공제회 학교폭력 피해 지원(출처: 학교안전공제회)

며, 위자료나 향후 발생할 수 있는 치료비까지 받을 수 있는 것은 아닙니다.

민사소송을 통한 손해배상청구

전술했듯 학교안전공제회를 통해 청구할 수 있는 비용은 실비에 국한되기 때문에 위자료나 향후 예상되는 치료비까지 받기 위해서는 민사소송으로 가해자에게 손해배상청구를 해야 합니다. 손해배상을 받을 수 있는 범위는 크게 세 가지 유형으로 나눌 수 있습니다. 가해자의 불법행위로 인해 실제로 발생한 치료비와 간병인 비용, 불법행위가 없었더라면 얻을 수 있었는데 불법행위가 발생하였기 때문에 얻을 수 없게 된 이익(일실수입. 장애가 발생한 경우에 장애로 인해 잃어버린 장래의 소득 등), 자녀와 부모의 위자료 등이 그것입니다.

사례 영수는 철수에게 교실 바닥을 기어가게 만드는 등 철수를 계속 괴롭혔습니다. 참다못한 철수는 영수를 학교폭력으로 신고했으나, 학교폭력대책심의위원회(이하 '학폭위')에서는 증거가 부족하다는 이유로 영수에 대해 '조치없음' 처분을 했고, 이에 불복하여 진행한 행정심판에서 영수에 대해 1호 서면사과가 내려졌습니다.

사건 이후 철수는 외상 후 스트레스 장애로 진료를 받았고, 영수를 피해서 전학을 가게 되었습니다. 그래서 철수는 영수에게 정신과 진료비와 병원 진료를 위한 주유비, 병원에 동행한 보호자 인건비, 전학으로 인해 소요된 생활비 등을 청구하고자 합니다.

가해자의 불법행위 때문에 발생한 진료비나 치료비에 대해서는 손해배상이 가능하므로, 철수가 영수 때문에 진료를 받게 된 정신과 진료비에 대해서는 청구할 수 있습니다. 그런데 만약 영수 때문에 전치 3주의 타박상을 입었는데 4개월 치의 치료비를 청구한다면, 이것은 인정받기 어렵습니다. 이처럼 비상식적인 고액 진료를 받았거나 과잉 치료를 받은 경우가 아니라면 합리적인 범위 내에서의 진료비나 치료비는 손해배상이 가능합니다.

반면 반드시 해당 병원에 통원해서 진료를 받아야 하는 것도 아니고, 꼭 대중교통이 아니라 차를 운전해서 가야 하는 필요성을 증명하기는 어렵기 때문에 병원 진료를 위한 주유비를 손해배상 받기는 어렵습니다. 또 보호자가 자녀와 동행해서 병원에 오고 가는 것이 힘든 일이긴 하지만 그렇다고 해서 보호자가 병원에 갔던 날, 하루 종일 일을 못 했다거나 그로 인해 보호자가 실제로 어떤 손해를 입었는지를 증명하기는 어렵습니다. 그렇기 때문에 병원에 동행한 보호자의 인건비 역시 손해배상 받기는 어렵습니다. 마찬가지로 전학으로 인해 소요된 생활비 역시, 전학을 가지 않았어도 그 생활비는 소요될 것이기 때문에 손해배상을 받기 어렵습니다.

손해배상청구 소송을 고려할 때 위자료를 중요하게 생각하는 경우가 많습니다. 그러나 우리 법원은 정신적 손해에 대한 위자료의 경우 큰 금액을 인정해주지 않기 때문에 위자료 인정 금액은 기대보다 적을 수 있습니다. 그래서 부상 정도가 크지 않지만 위자료를 주된 목적으로 소송을 진행하겠다고 하는 경우에는 소송을 권하지 않습니다. 그러나 만약 가해자를 심리적으로 압박하고, 민사소송을 통해 피해자임을 확인받겠다는 목적으로 소송을 하는 것이라면 소송 진행을 권하고 싶습니다. 앞과 유사한 사례에서 법원은 피해학생의 위자료 700만 원, 피해학생 보호자의 위자료 200만 원을 인정하였습니다.

이처럼 손해배상청구 소송을 할 때, 일반인이 느끼는 손해액과 법원이 인정하는 손해액 사이에는 간극이 있는 경우가 많습니다. 그러므로 손해배상청구 소송을 할 때는 전문가의 도움을 받아서 소송을 하는 것이 좋습니다.

한편, 손해배상청구는 가해자에게만 할 수도 있지만 만약 가해자의 행동에 대해 책임이 있는 사람이 있다면 그 사람에게도 함께 손해배상을 청구할 수 있습니다. 가령 학교폭력이 학교에서의 교육활동 및 이와 밀접한 생활 관계인 경우, 교사가 학교폭력이 발생할 것을 알았거나 알 수 있는 경우, 교사가 상황에 적합한 예방 조치를 하는 등 학교폭력을 방지하기 위한 노력을 충분히 하지 않은 경우라면 담당 교사에게도 손해배상책임이 있습니다. 이때는 학교에도 책임을 물을 수 있는데, 국·공립학교인지 사립학교인지에 따라 그 내용이 조금 다릅니다.

국·공립학교에서 발생한 학교폭력 사건의 경우 교사 이외에도 학교를 설치, 운영하는 국가 또는 지방자치단체가 피해학생에 대한 배상책임을 부담합니다. 이때 교사에게 경과실만 있는 경우 교사 개인은 손해배상책임을 부담하지 않고, 지방자치단체만 부담합니다. 만약 교사에게 고의 또는 중과실이 있는 경우에는 교사 개인도 지방자치단체와 함께 불법행위로 인한 손해배상책임을 지게 됩니다.

사립학교에서 발생한 학교폭력 사건인 경우에는 교사 이외에도 학교를 설치, 운영하는 학교법인이 피해학생에 대한 배상책임을 부담해야 합니다. 교사에게 고의 또는 과실이 있는 경우에는 교사 개인도 학교법인과 함께 불법행위로 인한 손해배상책임을 지게 됩니다.

만약 자녀가 가해자로 지목된다면

학교에서 친구를 때리고 물건을 훔치는 것과 달리, 인터넷 공간에서 누군가에게 악플을 달거나 SNS로 누군가를 공격하는 것은 아무도 내가 한 일인지 모를 것 같고, 크게 잘못한 일도 아닐 것 같다는 생각에 자녀들은 생각보다 쉽게 가해자가 될 수 있습니다. 사이버폭력 가해 동기에 대한 설문조사에서 '상대방이 먼저 그런 행동

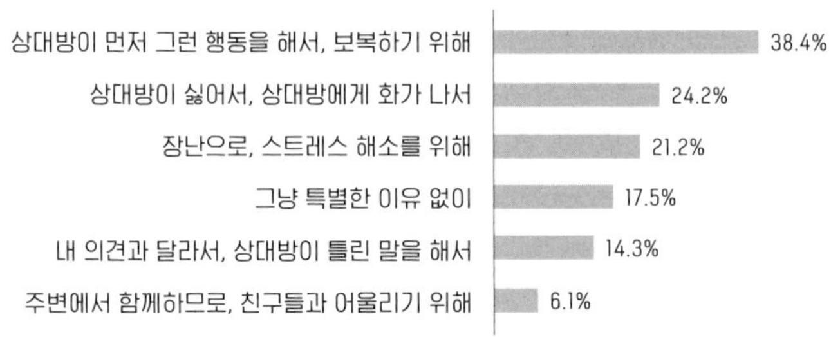

청소년 사이버폭력 가해 동기(출처: 방송통신위원회)

을 해서'라거나, '장난으로' 하게 되었다는 대답이 많았다는 점도 자녀가 언제든지 가해자가 될 수 있다는 것을 보여줍니다. 또 사이버폭력이 법적으로 처벌받는 일인지에 대해 청소년의 상당수, 그리고 성인들의 대다수가 SNS에서 괴롭히는 사이버폭력이 법을 위반하는 것이고 법적으로 처벌받는다는 사실을 모르고 있다는 점을 보아도, 자녀들은 언제든지 가해자가 될 수 있습니다.

만약 자녀가 가해자로 지목된다면 일단 자녀에게 사실관계를 확인해야 합니다. 사춘기 자녀를 앉혀두고 피해자인 아이와 어떤 일이 있었는지를 차근차근 확인하는 일이 쉽지는 않겠지만, 자녀가 억울한 일을 당하지 않기 위해서는 꼭 필요한 일입니다.

만약 사실관계를 확인하였는데 상대방의 주장이 맞다면, 즉 자녀가 상대방에게 SNS 등으로 사이버폭력을 가한 것이 맞다면 자녀가 어떤 맥락과 이유로 그런 행위를 하게 되었는지를 확인해야 합니다. 상대방이 도발을 해서 그런 것인지, 장난으로 한 것인지 말이죠. 그래서 자녀가 한 행동에 정당한 이유가 있었는지, 이 이유를 근거로 자녀의 행동이 일정 부분 이해를 받을 수 있는지를 따져보고, 자녀가 잘못한 부분에 대해서는 빠르게 상대방에게 사과하거나 반

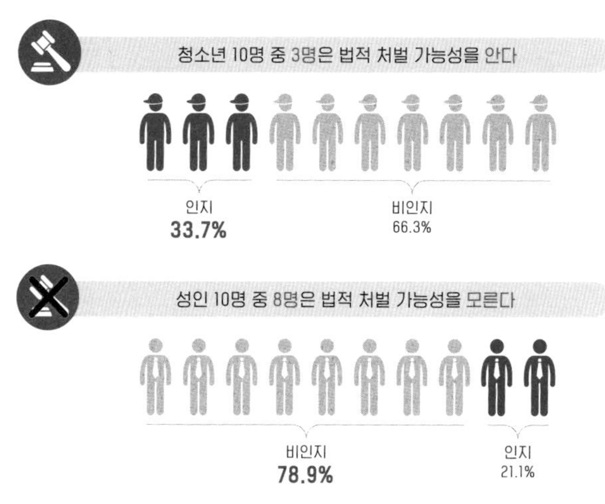

사이버폭력 법적 처벌 인지 여부(출처: 방송통신위원회)

성하는 모습을 보이는 것이 좋습니다. 학교폭력 절차에서 가해자가 반성하는 모습을 보이거나 피해자와 합의를 한 것은 징계 수위를 낮추는 데 큰 도움이 됩니다. 경찰 조사 과정에서도 마찬가지입니다. 다만 피해자와 합의를 하겠다고 다짜고짜 피해자를 찾아가거나 피해자에게 합의를 강요하는 것은 2차 가해행위로 분류될 수 있으므로 조심해야 합니다. 2차 가해는 가중처벌을 받게 되는 대표적인 행위입니다. 그러므로 피해자와 접촉할 때는 조심하고 또 조심해야 합니다.

한편, 합의를 할 때 처음부터 합의금을 많이 부르면 더 높은 합의금을 줘야 할까 봐 처음에는 낮게 부르다가 점차 높이고 싶어 하는 경우를 많이 봅니다. 그러나 피해자 대부분은 합의금을 협상하는 과정을 꺼리고 불편해하므로, 합의금을 계속 올려가면서 눈치를 보는 모습을 보이면 더 괘씸하게 생각하는 경우가 많습니다. 그러므로 합의를 할 때는 합의의 목적은 최대한 빠르게 분쟁을 종결하기 위한 것임을 기억하고 그 목적에 맞게 피해자의 마음을 상하게 하지 않는 것이 좋습니다.

만약 사실관계를 확인하였는데 상대방이 거짓 주장을 했다거나 자녀가 오히려 피해를 당한 상황이라면, 자녀의 주장을 뒷받침할 수 있는 사실을 확인하고 증거를 모아야 합니다. 또 상대방이 잘못한 부분에 대해 상대방을 학교폭력으로 신고하는 것도 고려해야 합니다. 학교폭력 절차는 신고한 사람을 기준으로 피해자, 가해자로 분류하여 진행이 되므로 상대방이 잘못한 부분에 대해 따로 신고하지 않으면 이 부분에 대해 제대로 판단받기가 어렵기 때문입니다.

당사자 간의 주장을 확인하는 과정에서 사소한 부분이 다른 상황도 있을 수 있습니다. 자녀는 오후에 친구를 만났다고 했지만, 상대방은 저녁에 만났다고 주장하는 등과 같이 가해행위가 일어난 것은 맞지만 그 행위가 언제, 어디서 일어났는지 등에 관한 부분에 대해 서로 주장이 다른 경우이죠. 이럴 때 이 부분을 강조해서 상대방을 몰아세우거나 거짓말쟁이라고 하는 것은 삼가야 합니다. 잘못을 했음에도 불구하고 반성을 하지 않고 억지 주장을 부리는 모습으로 보일 수 있기 때문입니다. 그러므로 사소한 부분에서 차이가 있지만 자녀가 잘못한 부분이 확실히 있다면, 그 부분에 대해서 인정을 하고 반성하는 모습을 보이는 것이 오히려 문제 해결에 도움이 될 수 있습니다.

마지막으로 자녀가 잘못한 부분이 있다면, 자녀에게 자녀의 잘못을 분명히 알려주고 확실하게 반성할 수 있도록 해야 합니다. 자신의 잘못을 인정하지 않고 상황이나 남만 탓하는 경우, 같은 잘못을 반복하는 경우가 많은데요. 처음 잘못은 실수가 될 수 있지만, 두 번의 잘못은 결코 실수가 될 수 없습니다. 그러므로 자녀가 이번 잘못을 토대로 성장하길 바란다면 '재수가 없었다' '피해자가 과잉 대응한다'라는 말로 상황을 덮으려고만 하지 말고, 자녀가 자신의 잘못을 직시하는 용기를 가질 수 있도록 도와야 합니다.

아이와 함께 생각해보기

반의사불벌죄, 폐지해야 할까?

2022년, 지하철 역사에서 여성 역무원이 스토커에게 살해되는 사건이 있었습니다. 그러자 사건 다음 날 법무부는 '반의사불벌죄' 폐지를 추진하겠다는 대책을 발표했고, 실제로 최근 스토킹처벌법(스토킹범죄의 처벌 등에 관한 법률)에서 반의사불벌죄가 폐지되었습니다.

앞서 말했듯 반의사불벌죄는 피해자가 처벌을 원하지 않으면 가해자를 처벌할 수 없는 범죄를 일컫습니다. 이에 대해 피해자의 의사가 중요한 범죄에 대해서는 피해자가 처벌을 원하지 않으면 가해자를 처벌하지 않아야 한다는 의견이 있는 반면, 피해자와 합의가 되면 가해자가 처벌을 받지 않기 때문에 가해자가 합의를 목적으로 피해자에게 2차 스토킹범죄나 보복범죄를 저지르는 원인이 된다는 의견이 있습니다.

아이와 함께 스토킹범죄에서 반의사불벌죄를 유지하는 것이 좋을지, 폐지하는 것이 피해자에게 유리할지에 대해 이야기를 나누어보세요.

학교폭력에 대해 더 알아야 할 정보

학교폭력 처리 절차

학교폭력을 신고해서 접수가 되면 학교는 특별한 사정이 없는 한 가해학생과 피해학생을 즉시 분리해야 합니다. 분리 조치 자체는 가해학생에 대한 징계의 성격은 아닙니다. 학생들의 갈등 상황을 완화하고 피해학생의 심리적 불안감을 해소하기 위한 것입니다. 이후 학교폭력 전담기구에서 당사자 간 어떤 일이 있었는지 확인하기 위한 조사를 하고, 조사 결과에 따라 사안이 경미하다면 학교장 자체 해결로 사건을 처리하고, 그렇지 않다면 학교폭력대책심의위원회(이하 '학폭위')를 개최합니다. 학폭위는 가해학생과 피해학생, 관련자 등의 진술을 들어보고 학교폭력 여부를 심의하고 가해학생에 대한 징계 조치 등을 결정하며, 어떤 조치결정이 있었는지를 교육장이 피해·가해학생에게 통보합니다.

학교폭력 신고는 전술했듯 담임선생님이나 교감선생님 등에게

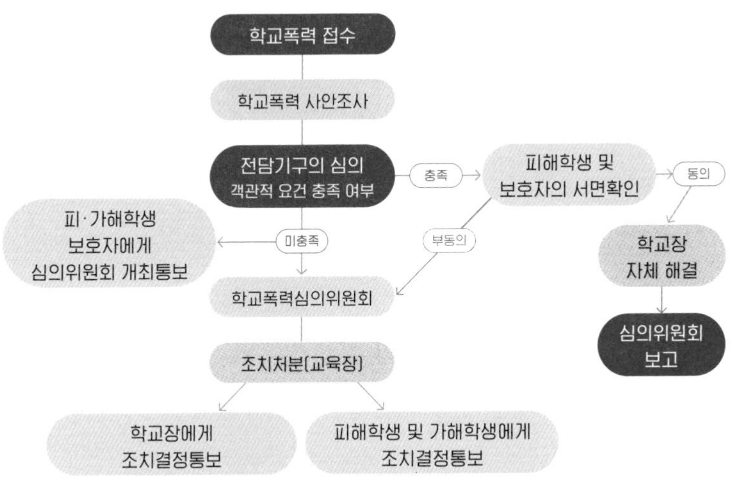

학교폭력 사안 처리 과정(출처: 교육부)

하면 됩니다. 또는 앞서 소개한 117학교폭력 신고센터에 전화해서 신고할 수도 있습니다. 이 경우 117을 거쳐 학교에 신고가 통보되고 절차가 진행됩니다.

학교폭력 사안조사

학교폭력 전담기구는 교감, 전문 상담교사, 보건교사 및 책임교사(학교폭력 문제를 담당하는 교사), 학부모 등으로 구성되며, 학교폭력 사안을 조사하고 그 결과를 학폭위에 보고하는 기관입니다. 사건 접수 후 2주 이내에 사안조사를 하는 것을 원칙으로 합니다. 이에 따라 학교폭력 사안이 접수되면 학교폭력 전담기구는 가해학생과 피해학생을 불러 사실 확인을 하고 진술서를 작성합니다. 또 CCTV, 문자메시지, 카카오톡 대화 내용, 목격자 등의 이야기를 보고 들으면서 사실관계를 조사합니다.

전담기구가 조사한 자료는 학폭위의 판단에 중요한 근거가 되므로, 가해학생이든 피해학생이든 본인이 기억하고 있는 내용을 잘 정리해서 조사를 받는 것이 좋습니다. 상황을 무마하기 위해 사실관계를 따지지 않고 무조건 잘못했다고 하거나 중언부언해서 제3자가 보았을 때 앞뒤가 맞지 않게 이야기를 한 것이 진술서에 적히면, 나중에 내용을 바로잡기 굉장히 어렵기 때문입니다.

전담기구의 조사 결과에 따라 학교장은 피해학생이 2주 이상의 진단서를 제출하지 않았다거나 학교폭력이 일회성 성격이었던 경우 등 사안이 경미한 경우 학폭위를 열지 않고 자체 해결하는 것으로 결정할 수 있습니다. 사건을 빠르고 원만하게 해결하기 위해서 학교장이 적절한 조치를 취하고 사건을 종결할 수 있도록 권한을 주는 것입니다. 다만, 이 경우에도 피해학생 및 보호자가 학폭위 개최를 요구하면 반드시 학폭위가 개최되어야 합니다.

학폭위 개최

학폭위는 피해학생 보호, 가해학생에 대한 교육, 선도 및 징계에 관한 사항을 심의하는 교육지원청 내의 법정위원회입니다. 학폭위는 전담기구가 작성한 자료를 살펴보고, 가해학생 및 피해학생의 진술을 들어본 뒤 학교폭력 여부를 결정합니다. 학교의 요청이 있는 경우 학폭위는 21일 이내에 개최하는 것이 원칙이고, 이 기간은 시험 등 학사일정이 있거나 특별한 사정이 있으면 연장될 수 있습니다.

학폭위는 대면 심의를 원칙으로 하므로, 피해학생 및 가해학생과 보호자는 학폭위에 직접 출석하여 진술해야 합니다. 다만, 피해학생 및 가해학생 측의 요구가 있는 경우 전화, 화상, 서면 등의 심의 방식을 활용할 수 있습니다. 피해학생과 가해학생이 직접 출석하는 경우 두 학생 간의 불필요한 접촉을 방지하기 위해 분리해서 출석합니다.

피해학생의 경우 학폭위에 나가서 진술하고 싶지 않다는 생각이 들 수 있습니다. 또 가해학생도 내가 잘못한 것이 없으니 알아서 잘 판단해주겠지라는 생각에 학폭위에 안 나가고 싶다는 생각이 들 수도 있습니다. 그러나 위원들은 당사자들의 이야기를 중요하게 생각하므로, 특별한 사정이 없으면 꼭 출석해서 자신의 이야기를 해야 합니다. 특히 피해학생이 담담히 본인의 피해 사실을 말하고, 그로 인해 자신이 얼마나 상처받았는지 이야기했을 때의 '울림'은 무시할 수 없습니다. 만약 말주변이 없거나 떨려서 이야기를 잘할 수 없을 것 같다면 미리 하고 싶은 이야기를 적어서 그대로 읽는 것도 좋은 방법입니다.

간혹 사건의 쟁점과 관련이 없는, 그저 본인이 하고 싶은 말을 장황하게 하는 경우가 있습니다. 예를 들어 가해학생이 어렸을 때는 착한 아이였다는 식의 어린 시절 이야기를 잔뜩 하는 경우입니다. 위원들이 모두 시간을 쪼개어 회의에 참석했다는 점을 생각해보면, 이러한 이야기는 그들에게 안 좋은 인상을 줄 뿐입니다. 그러므로 감정적으로 이야기하지 말고, '위원들이 궁금해할 것은 무엇일까'를 생각해서 그에 맞는 이야기를 할 수 있도록 준비해야 합니다.

조치에 대한 불복절차

조치결정 통보를 받았는데 조치에 대한 결정이 불만족스러울 수도 있습니다. 이럴 때는 행정심판과 행정소송을 통해 조치결정을 다툴 수 있습니다.

행정심판이란 행정청의 위법 또는 부당한 처분을 다투는 절차로, 행정심판위원회에 교육장(교육청 또는 교육지원청의 장)을 상대로 조치결정의 취소 또는 변경을 청구하는 절차입니다. 행정심판은 처분이 있음을 알게 된 날, 즉 결정 통보서를 받은 날로부터 90일 이내에 청구해야 합니다.

행정소송이란 행정청의 위법한 처분 등을 다투는 법원의 재판 절차입니다. 행정소송은 다음 두 가지의 경우에 활용할 수 있습니다. 조치결정이 부당하다고 생각하는 경우와 행정심판을 진행했는데 그 결정이 부당하다고 생각되는 경우입니다. 즉, 조치결정이 있고 나서 바로 행정소송을 제기할 수도 있고, 행정심판을 한 후 그 결정에 대해 취소를 구하는 행정소송을 제기하는 것도 가능합니다. 행정소송 역시 결정 통보서를 받고 90일 이내에, 또는 행정심판 재결서의 정본(법적 분쟁에 대한 판정을 적은 글 원본을 토대로 작성된 문서)을 받은 날로부터 90일 이내에 제기해야 합니다.

행정심판과 행정소송 모두 조치결정을 대상으로 합니다. 다만 행정심판은 통상 3~5개월 정도가 소요되고, 행정소송은 통상 6~9개월 정도가 소요됩니다. 또 행정심판은 행정기관의 성격이 강한 행정심판위원회에서 진행되고, 행정소송은 법원에서 진행되기 때문에 법리적으로 다툴 부분이 많고 사안이 복잡하다면 행정소송이 더 적절할 수 있습니다.

한편, 행정심판이나 행정소송을 했는데 원래보다 더 불리한 조치가 나오면 어쩌나 걱정할 수 있습니다. 예를 들어 피해학생이 가해학생의 징계가 너무 약하다고 생각해서 행정심판을 신청했는데 원래 징계보다 더 약한 징계가 나올까 봐 걱정하는 등의 상황이 그렇습니다. 하지만 '불이익 변경 금지의 원칙'에 따라 행정심판이나 행정소송을 하더라도 신청인에게 원래 처분보다 더 불이익한 쪽으로 변경되지는 않습니다. 즉, 최악의 경우 원래의 처분이 유지될 수 있지만, 원래의 처분보다 더 불리한 방향으로 처분이 변경되지는 않습니다.

학교폭력 가해학생에 대한 조치

학교폭력 가해학생에 대한 조치는 총 아홉 가지가 있습니다. 대체로 피해학생에게 큰 피해가 없었다거나 일회성의 성격이 강한 경우 1호에서 3호까지의 경미한 조치가 내려지는 경우가 많습니다. 참고로 1호에서 3호는 학교생활기록부에 기재되더라도 졸업과 동시에 삭제됩니다.

이때 학폭위가 자의적, 주관적으로 조치를 결정하는 것을 방지하기 위해 다음 표와 같이 학교폭력 가해학생 조치별 적용 세부 기준이 마련되어 있습니다. 학폭위는 이에 따라서 가해학생이 행사한 학교폭력의 심각성과 지속성, 고의성과 가해학생의 반성 정도, 가해학생과 피해학생의 화해 정도를 기본 판단 요소로 놓습니다. 그리고 여기에 해당 조치로 인한 가해학생의 선도 가능성, 피해학생이 장애학생인지를 부가적으로 고려하여 학교폭력 조치 처분 중 어느 것을 내릴지 결정합니다.

예를 들어 가해자가 피해자를 심하게 때려 피해자가 전치 4~5주

정도의 피해를 입은 경우라면 학교폭력의 심각성 점수는 '매우 높음'으로 4점이 될 수 있습니다. 또 가해자가 피해자를 처음 때린 것이라면 '학교폭력의 지속성 점수'는 0~1점 정도가 부과될 것입니다. 그러나 가해자가 3회 이상 피해자를 때렸다면 학교폭력의 지속성 점수는 3점 이상이 될 것입니다. 또 이렇게 여러 번 폭행하거나 상해를 입힌 경우 피해자가 다칠 것을 알면서 때린 것이므로 '학교폭력의 고의성'에서도 3~4점이 부과될 수 있습니다. 반면, 친구들 사이에서 서로 장난을 하다가 우연히 싸움이 벌어진 경우라면 고의

<table>
<tr><th>가해학생 조치사항</th><th>학교생활기록부 영역</th><th>삭제 시기</th></tr>
<tr><td>제1호(피해학생에 대한 서면사과)</td><td rowspan="3">행동특성 및 종합의견</td><td rowspan="3">• 졸업과 동시(졸업식 이후부터 2월 말 사이 졸업생 학적 반영 이전)
• 학업중단자는 해당 학생이 학적을 유지하였을 경우를 가정하여 졸업할 시점</td></tr>
<tr><td>제2호(피해학생 및 신고·고발 학생에 대한 접촉, 협박 및 보복행위의 금지)</td></tr>
<tr><td>제3호(학교에서의 봉사)</td></tr>
<tr><td>제4호(사회봉사)</td><td rowspan="3">출결상황 특기사항</td><td rowspan="4">• 졸업일로부터 2년 후
• 졸업 직전 학교폭력 전담기구의 심의를 거쳐 졸업과 동시 삭제 가능
• 학업중단자는 해당 학생이 학적을 유지하였을 경우를 가정하여 졸업하였을 시점으로부터 2년 후</td></tr>
<tr><td>제5호(학내외 전문가에 의한 특별교육 이수 또는 심리 치료)</td></tr>
<tr><td>제6호(출석정지)</td></tr>
<tr><td>제7호(학급교체)</td><td>행동특성 및 종합의견</td></tr>
<tr><td>제8호(전학)</td><td rowspan="2">인적·학적사항 특기사항</td><td>• 졸업일로부터 2년 후</td></tr>
<tr><td>제9호(퇴학처분)</td><td>• 삭제 대상 아님</td></tr>
</table>

학교폭력 가해학생에 대한 조치(출처: 교육부)

<table>
<tr><th colspan="5" rowspan="2"></th><th colspan="5">기본 판단 요소</th><th colspan="2">부가적 판단 요소</th></tr>
<tr><th>학교 폭력의 심각성</th><th>학교 폭력의 지속성</th><th>학교 폭력의 고의성</th><th>가해 학생의 반성 정도</th><th>화해 정도</th><th>해당 조치로 인한 가해학생의 선도가능성</th><th>피해학생이 장애학생인지 여부</th></tr>
<tr><td colspan="4" rowspan="5">판정 점수</td><td>4점</td><td>매우 높음</td><td>매우 높음</td><td>매우 높음</td><td>없음</td><td>없음</td><td rowspan="14">해당점수에 따른 조치에도 불구하고 가해학생의 선도가능성 및 피해학생의 보호를 고려하여 시행령 제14조 제5항에 따라 학교폭력대책심의위원회 출석위원 과반수의 찬성으로 가해학생에 대한 조치를 가중 또는 경함할 수 있음</td><td rowspan="14">피해학생이 장애학생인 경우 가해학생에 대한 조치를 가중할 수 있음</td></tr>
<tr><td>3점</td><td>높음</td><td>높음</td><td>높음</td><td>낮음</td><td>낮음</td></tr>
<tr><td>2점</td><td>보통</td><td>보통</td><td>보통</td><td>보통</td><td>보통</td></tr>
<tr><td>1점</td><td>낮음</td><td>낮음</td><td>낮음</td><td>높음</td><td>높음</td></tr>
<tr><td>0점</td><td>없음</td><td>없음</td><td>없음</td><td>매우 높음</td><td>매우 높음</td></tr>
<tr><td rowspan="9">가해 학생에 대한 조치</td><td colspan="2" rowspan="3">교내 선도</td><td>1호</td><td>피해학생에 대한 서면사과</td><td colspan="5">1~3점</td></tr>
<tr><td>2호</td><td>피해학샌 및 신고·고발학생에 대한 접촉, 협박 및 보복행위의 금지</td><td colspan="5">피해학생 및 신고·고발학생의 보호에 필요하다고 심의위원회가 의결할 경우</td></tr>
<tr><td>3호</td><td>학교에서의 봉사</td><td colspan="5">4~6점</td></tr>
<tr><td colspan="2" rowspan="2">외부 기관 연계 선도</td><td>4호</td><td>사회봉사</td><td colspan="5">7~9점</td></tr>
<tr><td>5호</td><td>학내외 전문가에 의한 특별 교육 이수 또는 심리 치료</td><td colspan="5">가해학생 선도·교육에 필요하다고 심의위원회가 의결할 경우</td></tr>
<tr><td rowspan="4">교육 환경 변화</td><td rowspan="2">교내</td><td>6호</td><td>출석정지</td><td colspan="5">10~12점</td></tr>
<tr><td>7호</td><td>학급교체</td><td colspan="5">13~15점</td></tr>
<tr><td rowspan="2">교외</td><td>8호</td><td>전학</td><td colspan="5">16~20점</td></tr>
<tr><td>9호</td><td>퇴학처분</td><td colspan="5">16~20점</td></tr>
</table>

학교폭력 가해학생 조치별 적용 세부 기준(출처: 교육부)

성이 낮다고 볼 수 있으므로 학교폭력의 고의성 점수가 낮게 책정될 것입니다.

나아가 가해학생이 자신의 행동을 반성하고, 앞으로 그러지 않겠다고 한다면 '가해학생의 반성 정도' 점수를 좋게 받을 수 있습니다. 그러나 만약 가해학생이 반성을 하지 않고, 증거가 있음에도 불구하고 '그런 적이 없었다'고 다툰다면 좋은 점수를 받을 수 없을 것입니다. '화해 정도'는 가해학생과 피해학생 사이에 화해가 어느 정도 이루어졌나를 보는 항목으로, 피해학생이 가해학생을 크게 처벌하지 않고 싶다고 하거나 두 학생이 합의서를 제출하는 경우 거의 0점을 받게 될 확률이 높습니다. 이처럼 학폭위는 정해진 기준별로 점수를 정해서 이를 합산하는 방식으로 조치를 정하고 있습니다.

학교폭력, 도움이 필요하다면

이 책에서 설명한 것 외에 더 자세한 도움이 필요하다면 다음 표에 정리된 기관에 도움을 요청할 수 있습니다. 각 기관의 주요 지원 체제를 확인하고 도움이 필요한 상황에 찾아보세요.

기관	주요 지원체제
117 학교폭력 신고·상담센터	전화로 신고·상담할 수 있으며, 24시간 운영함. 긴급 상황 시에는 경찰 출동, 긴급구조를 실시
위(Wee)센터	학교, 교육청, 지역사회가 연계하여 학생들의 건강하고 즐거운 학교생활을 지원하는 다중의 통합지원 서비스망
청소년상담복지센터	위기청소년에게 적합한 맞춤형 서비스를 제공하는 ONE-STOP 지원센터
청소년상담 1388	청소년의 위기, 학교폭력 등의 상담, 신고 전화. 카카오톡에서 '청소년상담1388'을 검색하여 채널 추가 후 상담할 수 있고, 스마트폰 수신자번호에 '1388' 입력 후 고민 전송도 가능
푸른나무재단 (1588-9128)	학교폭력관련 전화 및 사이버상담을 실시하고, 학교폭력 피해학생 및 가족 대상 통합지원을 하는 비영리기관. 화해·분쟁조정지원, 사안처리 진행 자문 및 컨설팅 지원도 제공
대한법률구조공단 (132)	법률상담, 변호사 또는 공익법무관에 의한 소송대리 및 형사변호 등의 법률적 지원을 받을 수 있는 곳

학교폭력 주요지원기관

학교·사이버폭력이 더 궁금한 사람을 위한

Q & A

Q 단체 대화방에서 여러 명이 한 친구의 말에 계속 답을 하지 않고 무시하는 것도 사이버폭력에 해당하나요?

단체 대화방에서 한 명을 여러 명이 계속 놀리고 비웃는 것도 사이버폭력이 될 수 있지만, 여러 명이 의도적으로 한 친구의 말을 반복적으로 무시하거나 말을 꺼낼 때마다 다른 대화 주제로 말을 돌리면서 따돌리는 경우도 사이버폭력이 될 수 있습니다. 다만, 우리 법에서 이런 행위를 범죄로 정하고 있지는 않습니다. 그러므로 이런 일을 겪었을 경우 경찰에 형사고소를 할 수는 없지만, 학교폭력으로 학교에 신고할 수는 있습니다.

Q 단체 대화방에서 그 대화방에 없는 사람을 욕했는데 사이버폭력이 되나요?

단체 대화방에 참여하고 있는 사람에게 욕설을 하는 것도 사이버폭력이 되지만, 그 방에 없는 사람에 대하여 욕설을 하거나 험담을 하는 것도 사이버폭력이 될 수 있습니다. 그 방에서 이야기한 내용이 외부에 공개될 가능성이 있기 때문입니다.

Q SNS에 특정인을 향한 저격 글을 올렸습니다. 이것도 사이버폭력이 되나요?

저격 글의 내용에 따라 다르겠지만, 특정인에 대한 모욕적인 말이나 욕설 등을 올리는 행위, 특정인에 대한 허위 글이나 사생활에 관한 내용을 올리는 행위 모두 사이버폭력이 됩니다. 특히 그 글이 그 사람의 명예를 훼손할 수 있는 구체적인 말이라면 명예훼손죄, 모욕적인 말일 경우 모욕죄가 되어 형사처벌을 받을 수도 있습니다.

Q 피해학생이 학교에 학교폭력 신고를 했는데, 이후 신고를 취소하는 것이 가능한가요?

학교폭력예방법에 따르면 학교폭력을 보거나 알게 된 경우 사안을 접수하고, 교육지원청에 보고하도록 하고 있습니다. 따라서 학교폭력이 아닌데도 잘못 신고한 경우가 아니라면 법에서 정한 절차대로 진행이 되어야 합니다. 피해학생이 신고를 취소할 수 있는 절차를 따로 두고 있지 않은 이유는 피해학생의 보호와 가해학생의 선도를 위해서입니다.

다만, 사안이 경미하고 피해학생의 동의가 있는 경우에는 학폭위를 개최하지 않고 학교장 자체해결로 사안을 종결할 수 있습니다. 따라서 가해학생의 사과를 받거나 원만하게 합의를 하여 학폭위 개최를 원하지 않는다면 학교장 자체해결로 처리해달라고 요청할 수 있습니다.

5

변호사 엄마의 조언

들어가기 전에

어느 날 자녀가 '엄마, 이런 일이 있었어요……'라고 피해당한 일을 털어놓는다면 정말 하늘이 무너지는 느낌일 것 같습니다. 하지만 부모는 어떤 상황에서도 자녀를 지켜야 합니다. 그러므로 아무리 힘들어도 마냥 슬퍼하고 분노하고 있을 수만은 없습니다. 자녀를 키우는 부모의 마음으로, 자녀가 피해를 당했을 때 자녀를 지키기 위해 이렇게 대처했으면 좋겠다는 내용을 이번 장에 정리해보았습니다.

더불어 우리 자녀가 실수로, 또는 잘못된 행위라는 점을 잘 몰라서 누군가에게 피해를 끼치는 일도 발생할 수 있습니다. 현실을 부정하고 싶겠지만, 내 자식을 지키기 위해 부모는 또 강해져야 합니다. 절대 일어나지 않으면 좋겠지만, 혹시나 이런 일이 일어났을 때 자녀를 올바른 길로 인도하기 위해 이렇게 대처했으면 좋겠다는 내용도 함께 정리해보았습니다.

따라서 이 장에서는 자녀가 법적 문제에 휘말렸을 때 공통적으로 대처할 수 있는 방법을 살펴보겠습니다. 또한 자녀가 이러한 일에 휘말렸을 때 잘 몰라서 막막함을 느낄 때 도움을 청할 수 있는 방법과 생소한 법률 용어를 알기 쉽게 정리하였습니다.

OX퀴즈

- 가해자의 신상(이름, 주소 등)을 모르면 경찰에 신고하거나 고소할 수 없다.
- 합의는 당사자 간 합의 사항을 자유롭게 정할 수 있다.
- 미성년자인 자녀가 잘못한 경우 무조건 부모에게 배상의 책임이 있다.
- 무료로 변호사를 선임할 수 있는 방법이 있다.
- 14세 미만 미성년자는 범죄를 저질러도 아무런 제재를 받지 않는다.

(정답: X O X O X)

우리 아이가 피해자라면 이렇게 하겠습니다

만약 제 아이가 어떤 피해를 당했다면, 변호사 엄마는 가해자와 대화로 먼저 해결을 시도해보겠습니다. 제 아이도 누군가에게 피해를 입힐 수 있고, 법으로 해결하는 과정은 많은 시간과 노력이 들기 마련이기 때문입니다.

그러나 가해자와 대화가 통하지 않는다거나 같은 피해가 반복되고 있는 상황이라면 법으로 해결해야겠죠. 자녀가 피해를 당했을 때 법으로 대처하는 방법은 크게 두 가지입니다. 하나는 가해자가 잘못한 부분에 대해 처벌을 받도록 하는 것이고(형사소송), 다른 하나는 가해자로 인해 자녀가 손해를 본 부분에 대해 금전으로 배상을 받는 것입니다(민사소송).

가해자가 자녀를 때려서 자녀의 갈비뼈에 금이 갔다고 가정해봅시다. 이때 가해자를 경찰에 신고해서 상해죄로 처벌받도록 할수도 있고(형사소송), 자녀가 치료받으면서 드는 비용 및 이로 인한 자녀의 정신적 손해를 배상하라고 청구할 수도 있습니다(민사소송). 다만, 가해자를 처벌하기 위해서는 법에 '…행위는 처벌한다'라고 적혀 있어야 합니다.

형사소송과 민사소송이 모두 가능한 사안인지 확인하고 둘 다 가능하다면, 먼저 경찰에 신고를 할 것 같습니다. 형사소송 절차를 진행한 후 그 결과를 보고 민사소송을 진행하는 것인데요. 형사소송 절차는 경찰에 신고하면 경찰이 나서서 가해자를 조사하고 증거를 수집하며, 가해자의 잘잘못을 따져주기 때문에 피해자의 부담이 상대적으로 적습니다. 또 가해자 입장에서도 당장 감옥에 갈지도 모르는 형사소송이 더 두렵고 무섭기 때문에 형사소송 과정에서 피해자와 합의하려는 경우가 많아 피해자에게 유리할 수 있습니다. 그러므로 형사소송과 민사소송이 모두 가능한 사안이라면 먼저 형사소송 절차를 통해 가해자를 압박하고, 또 경찰 수사를 통해 가해자가 잘못한 부분에 대한 증거들을 확보하는 것이 좋습니다.

두 소송이 모두 가능한 경우는 다음과 같습니다.

- 형사소송과 민사소송이 모두 가능한 사안
  - 자녀가 맞았어요. (폭행죄, 상해죄)
  - 누가 SNS나 학교에서 자녀에 대한 소문을 퍼트리거나 험담을 해서 피해를 입었어요. (명예훼손죄, 모욕죄)
  - 자녀가 사기를 당했어요. (사기죄)
  - 자녀의 저작권이 침해당했어요. (저작권법 위반죄)
  - 자녀가 성범죄 피해를 당했어요. (강제추행죄, 강간죄 등)

만약 민사소송만 가능한 사안이라면 소송을 했을 때 받을 수 있는 손해배상액과 소송을 위해 들여야 할 변호사 비용이나 시간과 노력을 비교형량(두 선택지를 비교하여 이익이 더 큰 쪽을 선택)해서 민사소송을 진행할지 말지 정할 것 같습니다. 그렇다면 각 절차는 어떻게 진행해야 할까요?

가해자를 처벌받게 하고자 할 때

범죄가 발생했을 때 피해자는 경찰에 범죄사실을 신고하거나 고소할 수 있습니다. 신고와 고소는 어떤 차이가 있을까요?

신고와 고소의 차이

신고와 고소 모두 경찰에 범죄사실을 알리고, 수사하도록 한다는 점에서는 동일합니다. 또 신고를 하든 고소를 하든 모두 피해자가 경찰서에 가서 피해 사실에 대해 조사를 받아야 한다는 점도 동일합니다.

다만 경찰의 수사 후 검사는 형사재판을 할지 말지, 즉 기소 여부를 정하는데요. 이때 범죄가 성립되지 않는다거나 증거가 불충분할 때 '불기소결정'을 할 수 있습니다. 검사가 불기소결정을 하면 모든 절차가 종료되는데, 이때 고소를 진행했다면 불기소결정에 대해 '항고' 절차를 통해서 다시 다툴 수 있습니다. 검사의 불기소결정이 잘못되었으니 다시 판단해달라고 할 수 있는 것입니다. 그러나 신고를 했던 사람은 불기소결정에 대해 다툴 수 없습니다. 즉, 검사가 불기소결정을 하면 수사와 형사재판이 진행되지 않고 모든 절차가 끝나

버리는 것입니다. 이처럼 신고와 고소 모두 경찰의 수사를 시작하게 한다는 점에서는 같지만, 검사가 불기소결정을 했을 때 한 번 더 다툴 수 있는 기회(항고)가 있는지 없는지에 따른 차이가 있습니다.

사실 검사의 불기소결정에 대해 항고를 하더라도 다시 기소가 될 가능성은 높지 않습니다. 따라서 너무나도 급박한 상황이 아니라면 되도록 고소장을 작성해서 고소를 하는 것이 좋습니다.

고소장 작성과 제출

고소장을 작성하는 일은 생각보다 어렵지 않습니다. 경찰 민원포털(minwon.police.go.kr)에 들어가서 '고객센터' '민원서식' '수사' 탭 안의 고소장 양식을 다운로드받은 후, 다음 항목들을 기입하면 됩니다.

① 고소인: 피해자의 성명, 주민등록번호, 주소 등을 기재합니다.

② 피고소인: 가해자의 성명, 주소, 연락처 등을 기재합니다. 가해자의 성명이나 연락처를 모르는 경우에는 아는 범위 내에서 기재하면 됩니다. 예를 들어 가해자가 SNS를 통해 욕을 했다면 해당 SNS의 아이디나 닉네임, IP주소를 쓰면 됩니다. 또는 피고소인의 정보를 '성명불상자'로 기재하되 의심 가는 사람이 있다거나 누구를 조사하면 알 수 있을 것 같다면 그런 정보를 함께 쓰면 됩니다. 가해자가 누구인지 찾지 못할 경우 수사가 진행되기 어렵고, 이 이유로 수사가 중단되는 경우도 있습니다. 그러므로 아는 범위 내에서 최대한 자세히 기재하는 것이 좋습니다.

③ 고소 취지: 어떤 범죄로 고소하는 것인지를 기재하면 됩니다.

사기죄, 명예훼손죄, 모욕죄, 강간죄 등 범죄 이름을 적습니다.

④ **범죄사실:** 가해자가 언제, 어디서, 어떤 방법으로 범죄를 저질렀는지를 육하원칙에 맞게 기재하면 됩니다. 예를 들어 강간죄의 경우, '가해자가 2023년 5월 7일, 어느 장소에서, 피해자에게 폭력을 휘두르면서 강제로 성행위를 하였다'라고 적으면 됩니다.

⑤ **고소 이유:** 어떻게 가해자를 만나게 되었는지, 왜 가해자를 처벌해야 하는지 등에 관한 내용을 쓰면 됩니다. 관련 증거가 있으면 순번을 매겨 첨부해서 함께 제출합니다.

고소장을 작성할 때 제일 중요한 것은 경찰이 가장 궁금해하는 부분인 4번 항목의 범죄사실을 육하원칙에 따라 분명하게 써야 한다는 것입니다. 하고 싶은 말이 많겠지만 너무 많은 말과 정보는 오히려 수사를 지체시킬 수 있습니다. 따라서 정확하게 어떤 부분이 범죄에 해당하는지를 증거와 함께 구체적으로 쓰되, 허위사실이나 과장된 사실을 포함하지 않도록 조심해야 합니다.

고소장을 모두 작성했으면 가해자(피고소인)가 거주하는 주소의 관할 경찰서에 고소장을 제출하면 됩니다. 가해자의 주소를 모르거나 가해자와 피해자가 멀리 떨어진 곳에 사는 경우라면 본인이 거주하는 관할 경찰서에 고소장을 제출하면 됩니다. 그러면 해당 경찰서에서 피해자를 조사한 후 사건을 가해자 주소지의 경찰서로 이송합니다. 주소지에 따른 관할 경찰서는 경찰 민원포털 홈페이지에서 경찰관서찾기를 통해 알 수 있습니다.

고소장은 경찰서의 민원실에 직접 가서 제출할 수도 있고, 우편으로 제출할 수도 있습니다. 민원실에 직접 가서 제출하면 바로 접수번호를 받아올 수 있습니다. 접수번호를 형사사법포털(kics.go.kr)에 입력하면 내가 고소한 사건의 진행 상황을 수시로 확인할 수 있어 편리합니다. 만약 우편으로 고소장을 제출했다면, 며칠 뒤에 경찰 민원실에 전화를 해서 접수번호를 확인해야 합니다.

가해자로 인해 입은 손해를 배상받을 때

가해자로 인해 재산적, 정신적 손해를 입었다면 피해자는 가해자에게 그 손해를 배상하라고 요구할 수 있습니다. 이때는 앞에서 말했듯 민사소송을 진행해야 합니다. 먼저 어떻게 가해자에게 손해배상 요구를 하면 되는지 살펴보겠습니다.

어떤 손해를 요구할 수 있을까?

우리 법은 사람이 손해를 입었을 때 적극적 손해, 소극적 손해, 정신적 손해 등 세 가지 손해를 청구할 수 있도록 하고 있습니다. 적극적 손해는 치료비, 간병비, 약값, 사설구급차 이송료, 사망 시 장례비 등 사고로 인하여 적극적으로 지출한 비용을 말합니다. 소극적 손해는 사고로 인해 일을 못 함으로써 원래는 벌 수 있었던 소득을 얻지 못하는 것을 말합니다(일실수입, 일실소득). 정신적 손해는 정신적 고통에 따른 손해를 말하며, 흔히 위자료라고 부릅니다. 이 세 가지 손해에 해당 사항이 있는지 판단한 후 가해자 측에 손해배상을 청구하면 됩니다.

소장 작성하는 법

고소장이 형사처벌을 목적으로 경찰서에 제출하는 서류라면, 소장은 손해배상 청구 등 민사소송을 진행하기 위해 법원에 제출하는 서류입니다. 소장 양식은 대한민국법원 나홀로소송(pro-se.scourt.go.kr) 또는 대한법률구조공단(klac.or.kr)에 들어가면 다운로드받을 수 있습니다.

소장에는 원고의 이름, 주민등록번호, 주소를 기재해야 합니다. 그리고 소송의 상대방인 피고의 이름, 주민등록번호, 주소를 기재해야 합니다. 피고의 주민등록번호는 알지만 주소는 정확히 알지 못한다면 일단 소송을 제기한 후에 법원에 '주소보정명령'을 내려달라고 하면 됩니다. 이 명령서를 가지고 행정복지센터를 찾아가면 피고의 주민등록초본을 발급받을 수 있습니다. 그 초본을 통해 피고의 주소지를 확인하면 됩니다.

또 피고의 전화번호와 이름만 알고 주민등록번호, 주소를 모르는 경우도 많은데요. 이때는 소송을 제기한 후 SKT, KT, LGU+ 등 통신사를 상대로 해당 전화번호로 가입한 사람이 있는지에 대해 '사실조회신청'을 할 수 있습니다. 그 후 통신사에서 이 전화번호는 우리 통신사에 가입한 누구다, 라는 회신을 받아 그 내용을 토대로 주소지와 주민등록번호를 확인하면 됩니다.

만약 피고에 대해 어떤 것도 알지 못한다면, 소송을 제기하기가 어렵습니다. 그러므로 적어도 전화번호라도 알고 있어야 소송을 제기할 수 있습니다.

청구 취지에는 소송을 통해서 얻고 싶은 내용을 기재합니다. 청구 취지는 판결문의 결론에 써달라는 내용을 써야 하므로, 정확하

기본적인 청구 취지	약정이자 및 지연이자가 있는 경우
① 피고는 원고에게 5,000,000원을 지급하라. ② 소송비용은 피고가 부담한다. ③ 제1항은 가집행(판결을 통한 강제집행)할 수 있다.	① 피고는 원고에게 5,000,000원 및 이에 대한 2020.10.10.부터 이 사건 소장부본 송달일까지는 연 11%, 그다음 날부터 다 갚을 때까지는 연 12%의 각 비율에 의한 돈을 지급하라. ② 소송비용은 피고가 부담한다. ③ 제1항은 가집행할 수 있다.

청구 취지 작성 예시

청구 원인
① 원고는 2020. 1. 1. 피고에게 금 5,000,000원을 변제기일을 같은 해 10. 10.로 정하여 대여하였습니다. ② 그러나 피고는 원고에게 위 금원을 지급하지 아니하므로 이 사건 청구에 이른 것입니다

청구 원인 작성 예시

고 간결하게 기재해야 합니다. 위의 표와 같이 정형적인 형식이 있으므로 이에 맞추어서 쓰면 됩니다. 대한민국법원 나홀로소송 홈페이지의 소송 유형별 예시도 참고하세요. 참고로 표에서 약정이자는 피고와 원고 사이의 '약정'에 의해 발생하는 이자를 의미하고, 지연이자(연체이자, 지연손해금)는 지급이 지연된 경우에 대한 손해배상액을 의미합니다. 이때 원고 측에서 5,000만 원을 받을 권리가 있다고 하더라도 청구취지에 1,000만 원을 달라고 썼다면 판사는 피고에게 1,000만 원을 지급하라고 결정할 수밖에 없으므로, 신중하게 쓸 필요가 있습니다.

청구 원인에는 왜 이 소송을 제기하게 되었는지 그 이유를 육하

원칙에 따라 일목요연하게 작성합니다. 마지막으로 입증 방법에는 증거서류들을 기재하면 됩니다.

민사소송에서 가장 중요한 것은 나의 주장과 그 주장을 뒷받침하는 증거자료입니다. 그러므로 증거자료를 반드시 제출해야 하며, 원고가 제출하는 것은 갑 제○호증, 피고가 제출하는 것은 을 제○호증으로 표시하면 됩니다.

소장 제출하기

최근 민사소송은 '전자소송'의 형태로 소장이나 서면을 제출하고 관리하고 있습니다. 그래서 소장은 대한민국 법원 전자소송(ecfs.scourt.go.kr)에 회원가입을 한 후 제출하면 됩니다. 이때 법원을 정해서 소장을 제출해야 하는데, 피고의 주소지 관할 법원에 제출하는 것이 원칙입니다. 만약 피고의 주소지를 모를 경우에는 본인의 주소지 관할 법원에 제출하는 것도 가능합니다. 소장 제출 후에는 위 사이트에서 소송의 진행 상황을 계속 확인할 수 있으므로, 내가 제출한 소장이 피고에게 송달되었는지, 법원이 변론기일(재판 날짜)을 정했는지 등의 진행 상황을 수시로 확인하면 됩니다.

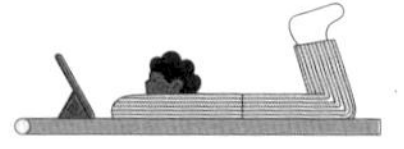

우리 아이가 가해자가 되었다면 이렇게 하겠습니다

언제나 순진하고 아무것도 모를 것만 같은 내 아이가 어느 날 사건의 가해자가 되었다는 연락을 받게 된다면, 부모 입장에서는 머릿속이 새하얗게 변할 것입니다. 믿고 싶지 않거나 도망치고 싶을 수도 있습니다. 하지만 부모로서 진상을 파악하고, 아이가 자신의 잘못을 마주하며 사건을 매듭지을 수 있도록 다음과 같이 침착하게 대응할 필요가 있습니다.

경찰에서 조사를 받으러 오라는 연락이 왔을 때

경찰에서 조사를 받으러 오라는 연락이 왔다면, 다음과 같은 순서로 대처하는 것이 좋습니다.

어느 날 모르는 번호로 연락이 와서는 '○○경찰서 수사관'이라고 밝히며 경찰 조사를 받으러 오라고 합니다. 이런 전화를 처음 받는 사람은 보이스피싱인가 의심하기도 하는데요. 경찰의 소환통보는 서면으로 이루어지기도 하지만 전화 연락으로 이루어지는 경우가 대부분입니다.

경찰은 소환통보를 할 때 어떠한 사건으로 조사를 받아야 하는지 간단히 설명하면서 언제 조사를 받을 것인지 물어봅니다. 경찰이 소환통보를 하는 시점에는 이미 고소인 조사나 기초적인 수사가 진행된 상황이기 때문에, 대체로 최대한 빠른 시일 내로 출석하기를 요구합니다.

그러나 경찰이 간단히 설명하는 사건 내용만 듣고 조사를 받게 되면 불리한 진술을 하거나 잘 알지 못하는 내용에 대하여 섣부르게 답변할 수 있습니다. 경찰에서 조사를 받는다는 것은 '피의자신문조서'가 작성되는 것이고, 피의자신문조서는 향후 범죄의 혐의 인정 여부에 중요한 판단 자료가 됩니다. 그렇기 때문에 당시에 잘 모르고 답변한 내용이 있다고 말한다고 해도 나중에는 이를 바꾸기 어렵습니다.

따라서 조사 일정을 촉박하게 정하지 않는 것이 좋습니다. 변호사 선임을 위한 상담이나 정보공개청구를 위한 시간을 고려하여 2~3주 이후에 조사를 받겠다고 하더라도 문제없습니다. 사안에 따라서 간단한 사건이니 출석을 신속히 하는 것이 좋겠다고 경찰이 요구하는 경우도 있지만, 충분한 방어권 보장을 위해서는 변호사 상담을 한다거나 적어도 고소장 내용을 확인한 후 조사를 받는 것이 좋습니다.

그리고 자녀가 경찰 출석을 요구받은 경우에는 법정대리인인 부모가 경찰과 연락하고, 사건에 대하여 문의할 수 있습니다. 경찰은 미성년자에 대한 출석 요구나 조사 시 보호자에게 연락하여 미성년자의 방어권을 보장할 특별한 주의를 기울일 의무가 있기 때문입니다. 최근 국가인권위원회에서도 경찰이 미성년자를 조사할 때에는 반드시 부모에게 연락하여 조사 사실을 알려야 한다고 결정하였습니다.

고소장 내용의 확인: 정보공개청구 신청

경찰이 대략 어떤 내용으로 조사를 받게 되는지 전화로 설명해 주는 경우도 있지만, 그렇지 않은 경우도 있습니다. 경찰 조사를 받기 전에 고소인이 무엇을 문제 삼는지 구체적으로 알아야 대비를 할 수 있기 때문에 먼저 고소장의 내용을 확인해 보는 것이 좋습니다. 이때 정보공개청구 신청이 필요한데요. 정보공개청구는 국민의

청구정보	기입할 내용의 예시
청구주제	주택, 안전, 복지, 행정재정 등 청구하고자 하는 정보의 주제를 선택합니다. 예) 행정재정
제목	예) '고소장 정보공개청구'
청구내용	출석요구를 한 수사관에게 해당 사건번호를 확인하여 기입하면 절차가 수월합니다. 예) 출석요구를 받은 경찰서명, 담당 수사관 이름, 사건명, 사건번호 등 기입
청구기관	출석요구를 한 해당 경찰서를 선택합니다. 예) 중앙행정기관>경찰청>서울특별시경찰청>서울중부경찰서
공개수령방법	'전자파일' '정보통신망'을 선택하면 이메일로 받을 수 있습니다.

정보공개청구 신청 작성 예시

알 권리를 위해 국가기관, 지방자치단체 등 공공기관이 업무 수행 중 생산, 접수하여 보유, 관리하는 정보를 국민에게 공개하는 절차입니다. 이는 정보공개시스템(open.go.kr)에서 할 수 있습니다. 사이트에 들어가보면 '청구/소통' 탭이 있는데, 여기서 '청구 신청'란에 들어가 정보공개청구할 정보를 기입하면 됩니다. 기입할 정보 중 알아두어야 할 내용은 다음 표와 같습니다.

정보공개청구가 접수되면 최대 10일 이내에 청구기관에서 공개 여부를 결정할 수 있고, 특별한 사유가 있으면 10일 연장하여 최대 20일 이내에 결정합니다. 다만, 정보공개청구로 받은 고소장에는 개인정보 또는 수사상 민감한 사항은 삭제되어 있습니다. 고소인의 인적 사항, 대리인 정보가 삭제되어 있으며, 간단한 고소 사실 외 고소 사실을 뒷받침할 만한 사실, 증거에 관한 설명 부분도 제공하지 않는 경우가 있습니다.

법률상담 또는 변호인 선임

어떠한 이유로 자녀가 고소되었는지 확인했다면, 그 내용을 토대로 경찰에서 조사받을 준비를 해야 합니다. 이는 인터넷 검색을 통해서도 가능하지만 가급적이면 변호사 등 전문가의 도움을 받는 것이 좋습니다. 인터넷에 떠도는 정보는 참고가 될 수는 있지만 내 사건에서도 동일하게 적용되는지까지는 알 수 없기 때문입니다.

법률상담을 할 때는 정보공개청구로 제공받은 고소장 사본을 지참하는 것이 좋습니다. 고소장 내용을 토대로 경찰이 어떠한 질문을 할 것이고, 어떻게 진술해야 하는지 조언을 받을 수 있기 때문입니다. 간혹 경찰로부터 연락을 받은 후 바로 법률상담을 가는 경우가 있는데, 어떤 내용으로 고소가 되었는지 정확히 알 수 없는 상태에서 변호사가 할 수 있는 조언에는 한계가 있습니다. 그러므로 고소장 내용을 확인한 후 변호사 상담을 받아야 합니다.

또 상담을 통해 적어도 이 사건에서 내가 유리한지 불리한지 정도는 판단을 해야 합니다. 그래야 변호사를 선임할 필요가 있는지, 변호사의 조력 없이 경찰 조사를 받아도 되는지 여부를 결정할 수 있기 때문입니다. 특히 자녀가 사건에 연루된 경우라면 부모는 무조건적으로 자녀의 입장을 대변하게 되는 경향이 있으니 사건을 객관적으로 파악하기 위해서라도 전문가와 법률상담을 해야 합니다.

경찰 조사

미성년 자녀가 경찰에서 조사를 받게 되는 경우 법정대리인인 부모가 조사에 동석하여야 합니다. 그러나 동석한 부모가 경찰 조사 과정에서 자녀의 진술에 지나치게 개입하거나 조사 과정에 간섭한다면 자녀에게 불리하게 조사가 진행될 수 있습니다. 그래서 사실관계에 대한 다툼이 적거나, 형사처벌의 수위가 경미한 사건인 경우에 한하여 부모가 동석하는 것이 바람직합니다. 반대로 사실관계에 대하여 치열하게 다투어야 하거나 형사처벌의 수위가 높을 가능성이 있는 사건이라면 변호사를 선임하는 것이 도움이 됩니다.

경찰 조사는 경찰과 조사받는 사람의 문답으로 이루어집니다. 경찰은 사건의 전반적인 개요와 경위뿐만 아니라 범죄의 각 구성요건에 관한 사실관계를 구체적으로 질문합니다. 그렇기 때문에 경찰 조사 시간은 짧게는 1~2시간, 길게는 4~5시간 소요됩니다. 조사 시간이 길어지는 경우 중간에 휴게 시간을 요청할 수 있고, 동석한 법정대리인 또는 변호사와의 상의를 위한 휴게 시간을 요청할 수도 있습니다. 그러나 법정대리인이나 변호사가 피조사자 대신 진술할 수는 없습니다.

조사를 받은 후 경찰은 자녀의 혐의가 인정된다고 판단하면 검찰에 송치하고, 혐의가 없다고 판단된다면 불송치결정을 내립니다. 그 과정에서 필요한 경우 추가 조사를 하거나 고소인과 대질신문을 하는 경우도 있습니다.

합의 잘하는 법

사건을 해결하기 위해서는 필요에 따라 합의를 해야 합니다. 합의는 고소인 또는 피해자 측의 조건을 수용하는 것을 전제로 민, 형사사건 모두 종결하는 것이 목적입니다. 그 조건에는 사과, 합의금 지급 등이 주요 내용으로 포함됩니다.

합의서나 합의 및 처벌불원 탄원서는 정해진 양식이 있는 것은 아니지만, 보통 '가해자가 합의금 지급 등의 합의 사항을 이행하면 피해자는 가해자에 대한 형사처벌을 원하지 않는다'라는 취지의 내용을 기재하는 경우가 많습니다.

한편, 합의 시 어떠한 조건을 포함할지는 당사자들이 협의해 정하는 것이므로 자유롭게 기재해도 됩니다. 예를 들어 학교폭력의 경우 가해자의 전학을 요구할 수도 있고, 성범죄의 경우 범죄사실뿐만 아니라 합의사실까지도 제3자에게 공개하거나 누설하지 않을 것을 요구할 수 있습니다. 공개된 장소나 인터넷 게시판에 사과문을 게시할 것을 요구하는 경우도 있습니다. 저작권 침해의 경우 당장 파일이나 게시물을 삭제할 것을 요구할 수도 있습니다. 이처럼 당사자 사이에 합의만 된다면 위법사항이 아닌 이상 합의 내용에는 제약이 없습니다.

참고로 자녀가 가해 또는 피해 당사자인 경우에는 친권자가 합의서에 서명, 날인해야 합니다. 또 합의서는 당사자가 본인의 의사에 따라 작성된 것이면 되기에, 반드시 공증 절차를 거칠 필요는 없습니다.

자녀가 잘못했을 때 부모의 책임

자녀가 어떤 잘못을 했을 때 흔히 부모가 잘못 가르친 탓을 하게 되는데요. 과연 미성년자인 자녀의 잘못에 대해 부모에게 법적으로도 책임이 있을까요?

형사책임은 잘못한 사람 본인만 부담하는 것이므로, 자녀가 잘못을 했다고 해서 자녀 대신 부모를 처벌하거나 자녀와 부모를 함께 처벌하는 법은 없습니다. 그러나 민사책임에서는 부모가 미성년자인 자녀의 잘못을 대신 책임져야 하는 경우가 있습니다.

우리 법은 미성년자가 타인에게 손해를 끼친 경우에 '책임능력(자신의 행위에 대해 법적으로 책임을 질 수 있는 능력)'이 없다면 배상의 책임이 없다고 정하고 있습니다. 대신 책임능력이 없는 미성년자를 감독할 법정 의무가 있는 자가 그 손해를 배상하도록 하고 있습니다. 다만, 우리 법은 몇 살부터 책임능력이 있는지 딱 잘라서 정하고 있지는 않습니다. 때문에 법원은 사안에 따라 다 다르게 판단을 하는데, 대체로 중학생 이상이거나 만 12세 이상이면 책임능력을 인정하는 경우가 많습니다. 따라서 만 12세 미만의 자녀가 누군가에게 손해를 끼쳤다면, 부모가 자녀를 대신해서 손해를 배상해야 합니다.

그렇다면 책임능력이 있는 미성년자(만 12세 이상의 자녀)가 잘못을 했을 때는 어떻게 될까요? 자신의 잘못을 알아도 실질적으로 손해를 배상할 돈이나 능력은 없는데 말이죠. 이 경우에는 자녀가 잘못해서 발생한 손해가 그 부모의 의무 위반과 인과관계가 있으면 부모에게 손해배상책임이 인정됩니다. 즉, 자녀가 잘못한 행동이 부모의 관리 감독 소홀과 관련이 있다면 부모에게 책임을 묻는 것입니다. 사안에 따라 다르겠지만, 보통 자녀가 부모와 함께 살면서 부모의 보호, 감독 아래 생활하고 있었다면 부모의 감독의무 위반이 인정되는 경우가 많습니다. 반면 부모가 전혀 예상하지 못한 사건이나 사고라면 부모의 책임이 인정되지 않을 수도 있습니다.

사례 18세인 철수는 부모님 몰래 차를 끌고 나와 무면허로 운전하다가 교통사고를 냈습니다. 이에 피해자는 자신의 차량이 파손된 것에 대해 철수의 부모를 상대로 손해배상청구 소송을 하였습니다.

철수는 18세이므로 무면허로 운전을 하면 안 된다는 것도 알고, 운전을 하다 사고가 나면 큰 손해가 발생한다는 것도 잘 알고 있습니다. 즉, 법에서 이야기하는 책임능력이 있지요. 하지만 실질적으로 교통사고로 인한 손해를 배상할 능력은 없습니다. 이 경우 철수가 낸 사고로 인한 손해배상을 부모가 부담해야 하는지 문제가 됩니다. 통상적으로 생각해봤을 때 아무래도 미성년자인 철수가 무면허 운전을 하지 못하도록 부모가 보호, 감독해야 할 의무가 있다고 볼 수 있지 않을까요? 법원 역시 부모에게는 미성년자인 자녀가 무면허 운전을 하지 않도록 보호, 감독할 의무가 있다고 보았습니다. 따라서 부모가 피해자의 손해를 배상해야 한다고 보았습니다.

그 외에도 법원은 미성년자인 자녀가 다른 사람을 폭행했던 사안에서 부모는 자녀가 범죄를 저지르지 않고 정상적으로 사회에 적응할 수 있도록 지도 및 조언을 계속해야 할 보호, 감독의 의무가 있고, 이 의무를 게을리했다는 이유로 부모의 손해배상책임을 인정하기도 하였습니다.

최근 이혼을 하는 가정이 늘어나고 있는데요. 이혼하면 부모 중 한 명이 아이의 친권자 및 양육자로 지정됩니다. 그러면 친권자 및 양육자가 아닌 부모도 자녀의 잘못에 대해 책임을 부담하게 될까요? 실제로 최근 이 부분이 문제가 된 사례가 있었습니다.

사례 중학생인 영희와 철수는 채팅 애플리케이션을 통해 만나게 되었습니다. 철수는 영희와의 성관계 중에 영희 몰래 영희가 옷을 벗고 누워 있는 사진을 촬영했습니다. 철수는 이 일이 있고 며칠 뒤 영희와 연락이 잘 되지 않자 화가 나 메신저로 당시 찍은 사진을 영희에게 보냈습니다. 그리고 욕설과 함께 '사진을 유포하겠다'라는 취지의 협박을 했는데, 영희는 협박을 받은 지 몇 시간이 지난 후 극단적인 선택을 했습니다.

이에 영희의 가족들은 철수와 철수의 부모에게 손해배상청구 소송을 했습니다. 문제는 철수의 부모가 오래전 이혼을 했고, 철수의 아버지는 오랜 기간 철수와 왕래가 없던 상황이었습니다.

철수가 영희에게 사진을 보내고 유포하겠다고 협박을 한 것은 불법행위입니다. 이로 인해 영희가 자살을 했다고 볼 수 있고, 그렇기 때문에 철수에게 손해배상책임이 인정됩니다. 그렇다면 철수의 부모는 어떨까요? 먼저 철수와 함께 살고 있는 어머니에게는 철수의 잘못에 대해 자녀에 대한 보호, 감독이 부족했다고 보고 손해배상책임을 인정할 수 있습니다.

문제는 철수의 아버지입니다. 최근 법원은 친권자 및 양육자로 지정되지 않은 부모의 경우 같이 살지 않고 실질적으로 지도 및 감독할 상황에 놓여 있지도 않다면, 친권자 및 양육자와 다르게 보아야 된다고 판단했습니다(대법원 2020다240021 판결). 즉, 사례와 유사한 사안에서 어머니에게만 보호, 감독의 책임을 인정한 것입니다. 이렇듯 미성년자의 불법행위에 대한 부모의 손해배상책임은 실질적으로 자녀를 보호, 감독할 의무를 게을리했는지에 따라 달라집니다.

도움이 필요할 때, 여기를 찾아보세요

법률문제가 발생하면 어디에 가서 무엇부터 물어봐야 할지 마음이 막막해집니다. 그런 순간이 오면 먼저 국가나 공공기관 등에서 제공하는 상담을 받아보기를 권합니다.

법률상담은 누구에게나 열려 있습니다

대한법률구조공단은 대표적인 무료 법률상담 기관입니다. 누구나 무료로 법률상담을 받을 수 있고, 소득 조건에 따라 무료로 소송을 맡길 수도 있습니다. 공단은 전국에 140여 개의 사무소를 운영하고 있으므로 거주지와 가까운 곳에 방문 상담을 예약하면 도움을 받을 수 있습니다. 대한법률구조공단 홈페이지(klac.or.kr)에서는 사이버상담을 진행하고 있고, 전화(국번없이 132)로도 상담을 받을 수 있습니다.

그리고 서울중앙지방법원을 비롯한 일부 법원에는 1층에 무료 법률상담 부스가 마련되어 있습니다. 법무부에서는 '마을변호사제도'를 시행하여 2023년 1월 기준으로 전국에 1,200여 명의 마을변호사를 선임하였습니다. 가까운 행정복지센터 등에 방문하면 마을변호사와의 상담 일정을 조율할 수 있습니다.

그 외 분야별 상담을 진행하는 기관들은 다음과 같습니다.

기관명	홈페이지	분야
한국가정법률상담소	lawhome.or.kr	가사, 민사, 형사, 파산 등
한국소비자원	cpb.or.kr	전자상거래 등 소비자 분쟁
한국저작권위원회	copyright.or.kr	저작권 관련 분쟁
여성폭력사이버상담	women1366.kr	성범죄 등 여성폭력 사건
청소년사이버상담센터	cyber1388.kr	학교폭력 등 청소년 관련 사건

우리 법은 형사사건 피고인의 방어권 보장을 위해 피고인이 미성년자이거나 소득수준이 낮은 경우 국선변호인을 무료로 선정해주고 있습니다. 또 소득수준에 관계 없이 성범죄 및 아동학대 피해자에게도 법률에 따라 국선변호인을 무료로 선정해줍니다. 이때 지정된 국선변호인은 사건에 관한 상담, 수사기관 조사 동석, 의견서 제출, 상대방과의 연락 등의 업무를 담당하게 됩니다.

국선변호인과 구별되는 제도로 국선보조인 제도도 있습니다. 국선보조인은 소년(미성년자)에 대한 국선변호인이라고 볼 수 있습니다. 소년보호재판 과정에서 심리기일(소년의 비행 여부, 보호처분의 필요성을 판단하는 과정)에 출석하고, 의견을 진술하는 등의 업무를 수행

합니다.

변호사 선임은 돈이 많이 드는 일이라는 생각에 도움을 쉽게 청하지 못하고 있었다면 이렇게 무료로 변호사를 선임할 수 있는 방법도 있으니, 위 사항에 해당하는 경우 국가의 도움을 받기를 바랍니다.

변호사를 선임해야 하는 경우

자녀에게 법률문제가 발생하면 부모는 내 일보다도 더 잘 해결하고 싶은 마음이 큽니다. 자녀의 미래에 부정적인 영향이 가거나 안 좋은 기록이 남는 것을 원하지 않으니까요. 그러므로 사건이 자녀에게 불리한 상황이거나 상대방과의 치열한 다툼이 예상되는 경우, 상대방과의 합의가 반드시 필요한 경우에는 변호사를 선임하는 것이 좋습니다. 이 세 가지 경우에는 사건을 바라보는 객관성과 전문성이 요구되기 때문입니다.

먼저, 사건이 자녀에게 불리하다면 그 결과가 자녀의 장래에 부정적인 영향을 끼칠 수 있습니다. 물론 변호사를 선임하더라도 불리한 상황을 쉽게 유리하게 바꿀 수는 없습니다. 하지만 관련 사건에 대한 경험과 노하우가 있는 변호사라면 적어도 최악의 상황을 피하고 그나마 자녀에게 유리하게 사건을 종결할 수 있습니다.

상대방과 치열한 다툼이 예상되는 경우는 사실관계를 확인할 때부터 상대방과 진술이 일치하지 않거나 자녀의 진술을 뒷받침할 만한 증거가 충분하지 않은 경우입니다. 이 경우 자녀와 부모의 진술은 반복적인 진술이거나, 법에서 중요하게 생각하는 것과 무관한 진술일 가능성이 높습니다. 그러므로 이에 법률적으로 조언해줄 전문가의 도움을 받는 것이 좋습니다.

마지막으로 상대방과의 합의가 필요한 경우에 부모가 상대방과 협의하는 과정에서 자칫 감정적인 다툼으로 번질 가능성이 있다면, 변호사 선임을 고려해야 합니다. 합의를 할 때 합의 조건으로 상대방이 자녀와 부모의 사과를 요구하는 경우에도 변호사의 입회하에 상대방을 만나 사과하는 것이 불필요한 분쟁이나 오해를 불러일으키지 않을 수 있습니다.

변호사 선임 방법과 변호사의 역할

변호사 선임은 지인으로부터 소개를 받거나 인터넷으로 검색하는 등의 방법으로 진행됩니다. 요즘은 변호사들도 본인에 대한 홍보를 인터넷을 통해 많이 하고 있어서 관련 분야의 전문가를 찾는 일은 그리 어렵지 않습니다. 또한 대한변호사협회에서 운영하는 나의변호사(klaw.or.kr) 홈페이지에서 변호사를 검색하면 대한변호사협회가 인증하는 전문 분야 변호사도 확인할 수 있습니다.

변호사가 하는 일은 다음과 같습니다. 형사사건에서 경찰 또는 검찰 조사 과정에 입회하여 동석하고, 의견서나 증거자료 등을 제출할 수 있으며, 상대방과의 합의 절차도 대리할 수 있습니다. 사건이 기소되어 재판이 열리는 경우 피고인과 함께 재판에 출석하여 진술을 하고, 경우에 따라 증인신문을 하기도 합니다. 민사사건의 경우 당사자를 대리하여 법률상 주장, 증거자료를 법원에 제출하고 상대의 주장을 반박하는 업무를 담당합니다.

변호사 선임료는 변호사마다 천차만별입니다. 적게는 300만 원 이하로 변호사를 선임할 수 있기도 하지만, 어떤 사건을 어떤 변호사에 맡기는지에 따라 수천만 원을 호가하기도 합니다. 보통 2~3명의 변호사와 상담을 해보면 대략적인 수임료 수준을 알 수 있습니다. 한편, 민사사건의 경우 착수금(계약금)뿐만 아니라 성공보수금을 약정하는 경우도 있습니다. 성공보수금의 조건은 사건마다, 변호사마다 다르므로 선임료의 정확한 산정을 위하여 선임계약서를 꼼꼼히 검토할 필요가 있습니다.

이때, 모든 사건에 있어서 전관 출신 변호사를 선임하는 것이 능사가 아니라는 점을 당부하고 싶습니다. 변호사가 관련 사건에 관해 얼마나 많은 경험과 전문성이 있는지가 더 중요합니다. 그리고 "이 사건, 100퍼센트 해결할 수 있습니다"라고 장담하는 변호사도 한번쯤 다시 살펴보아야 합니다. 어떤 사건이든 법적 절차에 들어가보면 예상치 못한 변수가 있기 마련이므로, 누군가에게 100퍼센트 유리한 사건은 흔치 않습니다. 중요한 것은 유리한 주장을 법률적으로 효과가 있도록 하는 것입니다. 이런 점들을 참고하여 변호사를 알아보아야 합니다.

우리 가족을 위해
꼭 알아야 할 법률 상식

우리는 살면서 뉴스, 기사 등을 통해 법률 용어 및 상식을 접하기는 하지만, 막상 우리에게 법이 필요한 순간에는 잘 모르는 경우가 많습니다. 여기서는 우리 가족이 일상 속에서 법적으로 논쟁이 생길 경우에 알아두어야 할 정보, 미성년자 자녀가 휘말릴 수 있는 미성년자 범죄 관련 정보에 대해 이야기해보도록 하겠습니다.

민사소송과 형사소송의 차이

억울한 일을 당하거나 금전적, 신체적인 피해 등을 입었을 때 우리는 상대방에게 보상을 받고, 상대방이 벌을 받았으면 좋겠다고 생각합니다. 그러한 상황에 처했을 때 우리 법은 민사소송과 형사소송이라는 두 가지의 길을 제시하고 있습니다. 민사소송과 형사소송은 절차도, 목적도 다르기 때문에 이를 정확하게 이해하고 본인의 상황에 가장 적절한 방법을 골라야 합니다.

개인과 개인의 싸움, 민사소송

민사소송은 일상생활에서 발생하는 개인 간 분쟁을 해결하는 절차입니다. 누군가의 잘못으로 손해를 봤을 때 그에 대한 배상을 받거나 그 일을 하지 말라는 내용으로 소송을 제기하는 것입니다.

민사소송

민사소송은 원고의 소송 제기로 시작하여 피고에게 소장이 전달(송달)된 이후 피고의 답변서가 제출되었는지 아닌지에 따라 이후 절차 진행이 달라집니다.

① **원고의 소송 제기**

② **피고에게 소장 송달:** 법원은 원고가 제출한 소장을 피고의 주소지로 보냅니다. 이것을 소장을 송달한다고 합니다. 보통 소장을 제출하고 3~7일 사이에 피고에게 소장이 송달됩니다. 즉, 법원에 소장을 낸다고 해서 상대방이 바로 그 사실을 알 수 있는 것은 아닙니다.

③ **피고의 답변서 제출:** 피고는 소장을 받은 날로부터 30일 안에 답변서를 법원에 제출해야 합니다. 만약 답변서를 제출하지 않으면 판사는 원고가 청구한 대로 판결을 할 수 있습니다. 그

러므로 내가 소장을 받고 아무 행동도 하지 않으면 무조건 패소한다는 점을 꼭 기억해야 합니다.

④ **변론:** 피고가 답변서를 제출하면 법원은 재판 날짜(변론기일)를 정합니다. 일반적으로 소장이 접수되고 변론기일이 정해지기까지 2~4개월 정도가 소요됩니다. 드라마나 영화를 보면 재판장에서 원고와 피고의 변호사들이 피 터지게 싸우지만, 현실은 그렇지 않습니다. 판사가 보통 5~10분 단위로 재판을 연달아서 잡기 때문에 각자의 핵심 주장과 증거는 '준비서면'이라는 문서로 정리해서 제출하고, 법정에서는 5분 내외의 짧은 시간 동안 정말 핵심적인 주장만을 이야기하거나 준비서면으

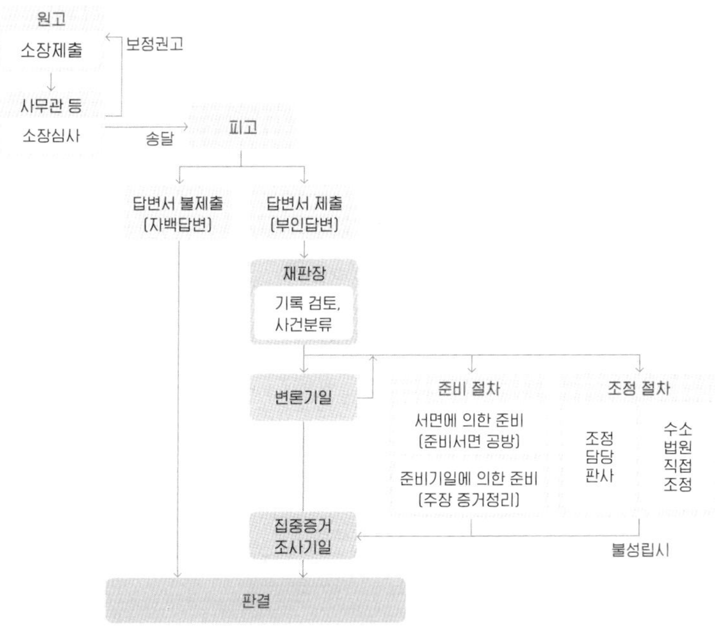

민사소송 절차도(출처: 대한민국 법원 전자소송 사용자지원센터)

로 진술하겠다는 말을 하는 것으로 심심하게 끝나는 경우가 많습니다.

⑤ **판결 선고:** 판사는 원고와 피고가 각각 제출한 주장과 증거를 보고 결론을 내릴 수 있겠다는 판단이 들면 재판(변론)을 종결합니다. 그리고 판결 선고 날짜(선고기일)를 정하고, 선고기일에 판결을 선고합니다. 보통 소장을 접수한 날로부터 판결이 나기까지 6개월에서 1년 정도가 소요됩니다.

⑥ **불복절차:** 판결의 내용이 불만족스럽다면 정해진 기간 내 항소를 할 수 있고, 이런 경우 2심이 진행됩니다.

국가가 잘못한 사람에게 벌을 주는 절차, 형사소송

형사소송은 경찰이나 검사가 범죄자를 수사한 뒤 검사가 기소하여 재판에서 유죄, 무죄를 가리고, 유죄로 인정되는 경우에 징역, 벌금 등의 형벌을 부과하는 절차입니다. 민사소송이 개인과 개인의 싸움이라면 형사소송은 피의자를 기소한 검사와 피고인 간의 싸움입니다. 즉, 피해자는 형사소송의 당사자가 아닌 참고인이 됩니다.

형사소송은 크게 경찰과 검사의 수사 단계와 법원에서 재판을 받는 단계로 나누어집니다. 자세한 절차는 다음과 같습니다.

형사소송

① 신고, 진정, 고소: 피해자가 경찰에 범죄 피해 사실을 알리는 절차입니다.

② 경찰 수사: 경찰은 사건을 접수하면 먼저 피해자를 불러서 참고인 조사를 합니다. 그 후 가해자(피의자)를 불러서 피의자 조사를 합니다. 피의자 조사는 한 번만 할 수도 있고 필요에 따라서는 피해자와 함께 불러서 대질조사를 하는 경우도 있습니다.

③ 검찰 송치, 검찰 기소: 경찰이 수사를 다 마치면 검찰에 사건 기록을 보내는 것을 '송치'라고 합니다. 검찰은 조금 더 수사가 필요한 부분이 있으면 경찰에게 '보완수사명령'을 내립니다. 그리고 피의자에게 죄가 없다고 판단되면 '무혐의 처분'을, 피의자에게 죄가 있다고 판단해서 재판을 구하는 경우에는 공소제기(기소)를 하게 됩니다. 검사는 기소할 때 '구약식' 또는 '구공판'을 청구합니다.

④ 구약식 절차: 검사가 기소한 범죄가 가벼워서 일정 금액의 벌금형 처분을 결정하는 것입니다. 그러면 법원에서는 검사의 결정에 근거하여 약식명령 결정을 하게 됩니다. 형사재판이 열리지 않고 벌금형이 정해진다는 점에서 구공판과 차이가 있습니다. 이때 피고인은 법원의 약식명령문을 송달받은 후 7일 이내에 약식명령을 한 법원에 서면으로 정식재판청구를 함으로써 통상의 공판절차를 개시할 수 있습니다. 정식재판청구를 한 후에는 구공판과 같은 절차를 거쳐 법원에서 판결 선고를 하게 됩니다.

⑤ 구공판 절차: 일반적인 형사재판 절차입니다. 민사소송과 달리

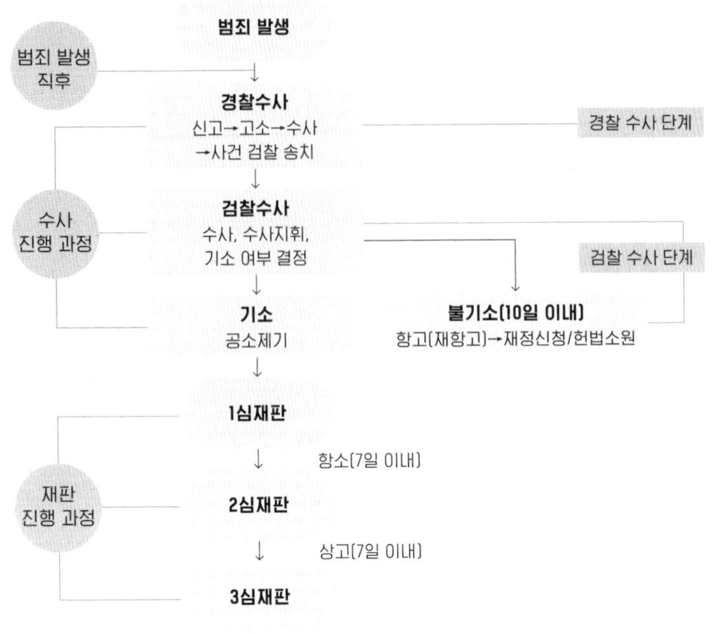

형사소송 절차도(출처: 법무부)

피고인이 반드시 재판에 출석해야 하고, 피고인이 공소사실을 인정한다면 1~2회 정도의 공판기일을 거쳐 종결됩니다. 피고인이 공소사실을 부인한다면 증거 조사로 인하여 증인신문 절차를 거치게 되므로 평균 3~4회의 공판기일을 거쳐 종결됩니다. 공판기일이 종결되면 판사는 선고기일을 정해서 선고기일에 형을 선고하며, 이 판결에 대해 피고인 또는 검사는 항소할 수 있습니다.

제3의 절차, 조정

소송은 당사자들에게 많은 비용과 시간의 낭비, 정신적 긴장과 피로를 가져오는 힘든 일입니다. 그래서 재판 외에 대안을 마련하여 분쟁을 해결하기도 합니다. 이것이 바로 '조정'입니다. 법원에서는 민사소송으로 시작된 사건들 중 일부를 조정사건으로 회부하여 사건을 해결합니다. 조정사건은 판사, 검사, 변호사 등 10년 이상의 경력을 쌓은 상임조정위원이 주로 담당합니다. 형사사건 진행 과정에서도 담당 검사의 재량에 따라 검찰 내 조정위원회를 통해 조정 절차를 진행할 수 있습니다.

소년범과 보호처분

우리 법은 만 14세 미만인 미성년자는 범죄를 저질렀더라도 벌하지 않는 것으로 정하고 있습니다. 아직 변별 능력, 행동통제 능력이 부족하기 때문에 그 행위에 대해 온전히 비난할 수 없다는 이유 때문입니다. 다만, 만 10세에서 14세까지의 소년은 촉법소년이므로 보호처분을 받을 수 있습니다. 그래서 실제로 범죄를 저지르고도 아무런 제재를 받지 않는 것은 만 10세 미만의 소년입니다.

한편, 만 14세 이상 미성년자에게는 형벌을 부과할 수 있고 선택적으로 보호처분을 할 수도 있습니다. 형벌을 부과하는 경우에는 성인과 달리 형의 기간을 확정하지 않고 선고하는 '부정기형'을 선고할 수 있습니다. 예를 들어, 만 19세 미만인 미성년자가 친구들과 편의점 출입문을 망치로 부수고 들어가 물건을 훔쳐서 형사재판이 열리게 된 경우, 법원은 보호처분 대신 형벌을 부과하되 장기 2년, 단기 1년의 부정기형을 선고할 수 있습니다. 부정기형이 선고되면

나이	내용
만 10세 미만	처벌 X 보호처분 X
만 10세 이상 ~ 14세 미만 (촉법소년)	처벌 X 보호처분 O
만 14세 이상 ~ 19세 미만 (범죄소년)	형벌을 부과할 수 있으나 보호사건으로 심리 조사할 수 있음, 형벌 부과시 부정기형을 선고할 수 있음

연령별 처벌 기준표

그 기간을 다 채우지 않더라도 형 집행 중 소년범의 행형 성적에 따라 단기 1년이 지난 뒤 조기에 석방될 수 있습니다.

소년보호재판의 절차

만 10세 이상에서 만 14세 미만의 촉법소년이 범죄를 저지른 경우, 또 만 14세 이상의 미성년자라도 경찰 또는 검찰에서 소년보호사건으로 진행하는 경우에는 일반적인 형사재판이 아니라 소년보호재판을 받게 됩니다.

소년보호재판에서 소년부 판사는 사건이 접수되면 조사와 심리를 통해 보호처분을 할 필요가 있는지, 어느 정도의 처분을 할 것인지 등을 판단합니다. 그 과정에서 일정한 요건을 충족하는 경우 미성년자를 위한 국선보조인이 선정됩니다. 그리고 소년부 판사는 다음과 같은 결정 중 하나를 내리게 됩니다.

① 보호처분 결정: 보호처분을 할 필요가 있다고 인정하는 경우에 하는 결정입니다. 열 가지 보호처분 중 하나 혹은 몇 가지

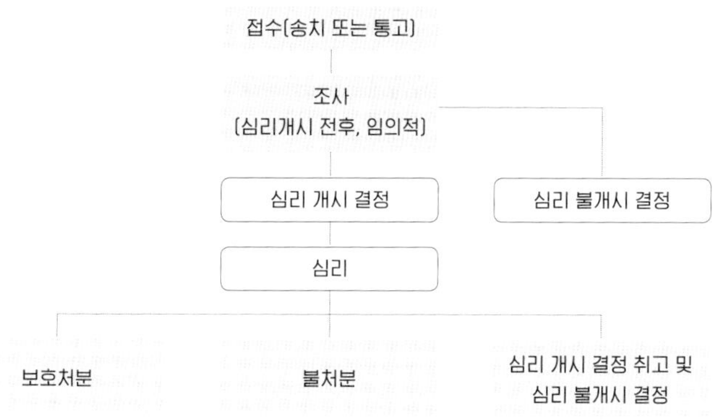

소년보호재판 절차도(출처: 대한민국법원 전자민원센터)

보호처분을 함께 묶어서 결정을 내릴 수 있습니다.

② **불처분 결정:** 보호처분을 할 수 없거나 할 필요가 없다고 인정하는 경우 아무런 처분을 하지 않기로 하는 결정입니다. 이 결정이 내려지면 사건은 종결됩니다.

③ **검사 송치:** 조사 또는 심리한 결과 금고(교도소에 구금되지만 강제 노역의 의무가 없는 형벌) 이상의 형에 해당하는 범죄사실이 발견되고, 그 동기와 죄질에 비추어 형사처벌을 할 필요가 있다고 인정하는 경우 검사에게 송치하는 결정입니다.

보호처분은 형사처벌과 어떻게 다를까?

죄를 지으면 사형, 징역, 벌금 등의 형벌을 받게 됩니다. 그런데 소년법은 미성년자들이 범죄를 저지른 경우에 미성년자들이 잘못을 깨닫고 개선할 수 있도록 위 형벌과는 다른 처분, 바로 '보호처분'을 하도록 정하고 있습니다.

법에서 정하고 있는 보호처분은 다음 장의 표와 같이 열 가지 종

구분	보호처분의 종류	내용	기간 또는 시간 제한	대상 연령
1	보호자 또는 보호자를 대신하여 소년을 보호할 수 있는 사람에게 감호 위탁	부모 등에게 감호를 위탁하고, 보호자에 대한 특별교육명령을 해서 보호자를 교육할 수 있음	6개월 (6개월 연장 가능)	10세 이상
2	수강 명령	소년에게 일정한 내용의 강의를 듣도록 명령하는 것	100시간 이내	12세 이상
3	사회봉사 명령	소년에게 총 사회봉사시간, 집행기한 등을 정하고 사회봉사를 하도록 명령하는 것	200시간 이내	14세 이상
4	보호관찰관의 단기 보호관찰	보호관찰관이 소년이 정상적인 사회생활을 할 수 있도록 지도, 감독과 원호 등을 하는 것	1년	10세 이상
5	보호관찰관의 장기 보호관찰	보호관찰관이 소년이 정상적인 사회생활을 할 수 있도록 지도, 감독과 원호 등을 하는 것	2년 (1년 연장가능)	10세 이상
6	'아동복지법'에 따른 복지시설이나 그 밖의 소년보호시설에 감호 위탁	가정이나 소년원이 아닌 사적기관에 소년의 감호를 위탁하는 것. 효광원, 나사로 청소년의 집, 로뎀청소년학교 등의 기관이 있음	6개월 (6개월 연장 가능)	10세 이상
7	병원, 요양소 또는 '보호소년 등의 처우에 관한 법률'에 따른 소년 의료보호시설에 위탁	정신질환이 있거나 약물 남용을 한 경우 병원, 요양소 등에 위탁하는 것	6개월 (6개월 연장 가능)	10세 이상
8	1개월 이내의 소년원 송치	1개월 이내 짧은 기간 동안 소년원에 송치하는 것	1개월 이내	10세 이상
9	단기 소년원 송치	소년원에 송치하고, 소년은 학교교육을 받거나 직업훈련을 받게 됨	6개월 이내	10세 이상
10	장기 소년원 송치	소년원에 송치하고, 소년은 학교교육을 받거나 직업훈련을 받게 됨	2년 이내	12세 이상

소년 보호처분 종류(출처: 대한민국법원 전자민원센터)

류가 있습니다. 그렇다면 보호처분의 수위는 어떻게 정해질까요?

보호처분은 미성년자의 건전한 성장을 목적으로 하기 때문에 비행 사실의 내용, 범죄의 위험성(반복적으로 저지른 범행인지), 교정 가능성(보호처분의 유효성), 보호 상당성(보호처분의 적합성) 등을 고려하여 그 수위를 정합니다. 그래서 일반적으로 미성년자가 처음 범죄를 저지른 것이고, 다시 비행을 저지를 위험성이 적고, 보호자의 선도 의지나 선도 능력 등이 강하다면 약한 보호처분(1호~3호)이 나오는 경우가 많습니다. 그러나 만약 미성년자가 여러 번 범죄를 저질렀거나 여러 명이 같이 범죄를 저지르는 등 죄질이 나쁘다고 볼 수 있는 사정이 있고, 가정에서 교정이 될 가능성이 낮다면 무거운 보호처분이 내려지는 경우가 많습니다. 따라서 소년보호재판을 받게 된다면 다시 범죄를 저지를 가능성이 낮다, 부모가 잘 선도하겠다 등의 내용을 잘 정리해서 판사에게 제출하는 것이 좋습니다.

법률 용어 사전

그동안 정확한 의미를 모르고 쓰거나 무심코 지나쳤던 법률 용어의 뜻을 정리하였습니다. 다음 용어들은 우리가 법적 문제에 휘말렸을 때 꼭 알아야 하는 단어인 만큼, 이번 기회에 정확한 의미를 확인해보기 바랍니다.

① **내용증명 우편:** 우체국을 통해서 상대방에게 의사를 전달하는 방법입니다. 내용증명 우편을 발송하는 것은 소송, 고소와 달

리 법적인 행위는 아니지만, 상대방에게 공식적으로 통지를 한 사실이 우체국에 증거로 남는다는 의미가 있습니다.

② **원고, 피고:** 원고는 법원에 민사소송을 제기한 사람, 피고는 그 민사소송의 상대방을 의미합니다.

③ **항소, 상고:** 우리나라의 재판은 1심, 2심, 3심의 순서로 진행됩니다. 항소는 1심 판결에 불복해서 2심 법원에 다시 한번 재판을 해달라고 요청하는 절차입니다. 상고는 2심 판결을 받고, 이에 불복해서 대법원에 다시 한번 재판을 해달라고 요청하는 절차입니다.

④ **고의, 과실:** 고의란 본인이 하려는 행위가 범죄 또는 불법행위라는 사실을 인식하면서 그 행위를 하는 것입니다. 과실이란 어떤 사실을 예견할 수 있었음에도 불구하고, 부주의로 그것을 인식하지 못한 것을 의미합니다.

⑤ **고소, 고발:** 고소란 범죄의 피해자가 범죄가 일어났으니 그 사람을 처벌해달라고 수사기관에 요구하는 행위입니다. 이때 범죄 피해자가 아닌 사람이 수사기관에 수사를 요구할 수도 있는데, 이를 고발이라고 합니다. 예를 들어 어떤 정치인이 사회적으로 관심을 끄는 범죄를 당했다면, 보통 범죄 피해자인 정치인이 직접 고소를 하지 않고 그 지지자들이나 시민단체들이 고발을 하는 경우가 많습니다.

⑥ **고소인, 피고소인:** 고소를 한 사람을 고소인, 고소를 당한 사람을 피고소인이라 합니다. 피고소인이 수사 과정에서 범죄 혐의가 있다고 의심을 받게 되면 피의자가 됩니다.

⑦ **피고인, 피의자:** 피의자란 범죄 혐의가 있어서 수사기관의 수

사 대상이 된 사람으로, 검찰이 공소를 제기하기 전의 단계에 있는 사람입니다. 이때 검찰이 피의자를 기소하면 피고인으로 전환되고, 형사재판에서 재판을 받는 대상이 됩니다. '피고'와 '피고인'은 한 글자 차이지만 각각 민사소송과 형사소송의 당사자라는 점에서 차이가 있습니다.

⑧ **기소유예, 혐의없음:** 경찰에서 수사를 받게 되면 가해자는 보통 기소유예 또는 혐의없음을 목표로 합니다. 기소유예란 범죄를 저지른 사실은 있으나 범인의 나이, 성격, 지능이나 피해자와의 관계, 범행을 저지르게 된 동기, 범행 후의 조치 등을 종합적으로 참작해 공소를 제기하지 않기로 하는 결정입니다. 공소를 제기하지 않으므로 기소유예를 받으면 형사재판을 받지 않습니다.

혐의없음(무혐의)은 범죄를 저지르지 않았다고 판단할 수 있는 경우 또는 범죄를 저질렀다는 점을 증명할 증거가 충분하지 않은 경우에 검사가 내리는 처분입니다.

⑨ **구속:** 수사 단계나 재판 단계에서 피의자 또는 피고인의 자유를 제한하는 제도입니다. 이를 통해 수사를 하거나 형사재판에 출석할 것을 보장하고, 증거인멸을 방지합니다. 예를 들어 경찰에서 조사를 받으러 오라고 하였는데 경찰에 출석하지 않거나 중요한 증거가 되는 스마트폰을 잃어버렸다고 할 경우, '수사를 제대로 받지 않고 도망갈 수 있겠구나' 또는 '증거를 없앨 수 있겠구나'라는 의심이 들 수 있습니다. 이럴 때 수사를 제대로 하고 증거를 지키기 위하여 구속이라는 제도를 이용하게 됩니다.

⑩ **집행유예:** 형을 선고하되 일정 기간 동안 형의 집행을 미루어 두었다가 무사히 그 기간이 경과하면 형 선고의 효력을 상실하게 하여 형 집행을 하지 않는 제도입니다.

⑪ **변론기일, 공판기일, 선고기일:** 변론기일이란 민사소송에서 재판받는 날짜를 말하고, 공판기일은 형사소송에서 재판받는 날짜를 말합니다. 선고기일은 민사와 형사소송에서 판결을 선고하는 날짜입니다. 판사는 변론기일, 공판기일을 진행하다가 선고기일을 따로 정해서 그날에 판결을 선고합니다.

⑫ **법정대리인:** 본인의 의사와는 관계없이 부모 또는 친족이라서 법에 의해 정해진 대리인입니다. 우리 법은 미성년자의 경우 친권자가 법정대리인이 되어서 각종 법률행위를 할 수 있다고 정하고 있습니다.

부록

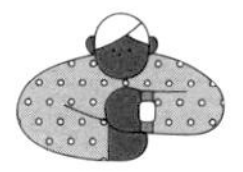

크리에이터가 되고 싶은 아이와 함께 확인해보기

자녀가 권리침해를 당했거나 자녀가 다른 사람의 권리를 침해한 것으로 의심되는 상황이라면 아래의 사항들을 확인해보세요.

저작권 체크리스트

- ☐ 단순한 아이디어가 아니라 구체적으로 '표현'됐는가?
- ☐ 다른 창작물과 동일하거나 유사하지 않고 '창작성'이 있는가?
- ☐ 저작권자의 이용 허락이 없는가?

초상권 체크리스트

- ☐ 누구인지 알아볼 수 있는 사진 등을 이용했는가?
- ☐ 초상의 사용을 동의받았는가? 동의를 받았다면 그 범위가 어느 정도인가?
- ☐ 초상의 사용으로 영리적 이익이 발생하였는가?

명예훼손 체크리스트

- [ ] 사실 또는 의견만 적시한 것인가?
- [ ] 타인의 명예를 훼손하는 말이 포함되었는가?
- [ ] 피해자가 특정되었는가?
- [ ] 여러 사람에게 공개되었는가?
- [ ] 비난의 목적이 있는가?

아이에게 이것만은 꼭 알려주세요

- 물건을 함부로 훔치면 안 되듯이 다른 사람의 창작물(사진, 그림, 글, 동영상, 음악 등)도 함부로 쓰면 안 된다.
- 다른 사람의 창작물을 쓰고 싶을 때는 써도 되는지 확인해야 하고, 확인이 어렵다면 자유 이용이 허락된 사이트에서 다운로드받은 창작물만 써야 한다.
- 사람의 얼굴에는 초상권이라는 권리가 있으므로, SNS에 다른 사람의 얼굴이 들어간 사진이나 동영상을 올릴 때는 그 사람의 동의가 필요하다.
- 익명으로 인터넷에 글을 쓰거나 댓글을 달아도 내가 그 글을 썼다는 사실은 없어지지 않는다. 따라서 익명이라고 하더라도 다른 사람의 마음을 아프게 하는 글을 써서는 안 된다.

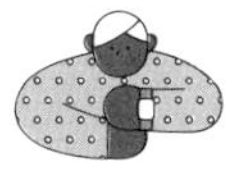

경제생활을 시작한 아이와 함께 확인해보기

자녀가 부모 몰래 물건을 구매하였거나 사기를 당하는 등의 피해를 입었다면 아래의 사항들을 확인해보세요.

체크리스트

- ☐ 자녀가 부모의 계정으로 접속하여 부모의 카드로 물건을 구매하였는가?
- ☐ 자녀가 자신의 계정으로 물건을 구매하는 등 상대방이 미성년자와 거래하는 것을 알거나 알 수 있었는가?
- ☐ 상대방이 자녀에게 거짓말을 하여 물건을 판매하였는가?
- ☐ 자녀가 상대방에게 자신이나 부모의 개인정보를 알려주었는가?
- ☐ 자녀가 상대방과 주고받은 연락이나 메시지에 대한 증거(문자, SNS 메시지 등)가 있는가?
- ☐ 자녀가 상대방의 이름, 연락처 등 인적 사항을 알고 있는가?

아이에게 이것만은 꼭 알려주세요

- 고가의 물건을 구입할 때는 꼭 부모와 상의하고 사야 한다.
- 인터넷에서 정가에 비해 너무 싸게 파는 물건은 사기일 수 있으므로 조심해야 한다.
- 중고거래 사이트에서 물건을 구입할 때는 먼저 판매자의 판매 이력 등을 확인해 믿을 수 있는 사람인지 확인한다.
- 낯선 사람의 문자나 전화를 받고 함부로 개인정보를 알려주지 않는다.
- 용돈을 벌기 위해 SNS에서 물건을 판매하고 싶다면, 먼저 부모와 상의하도록 한다.

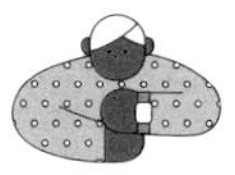

올바른 성 지식을 갖기 위해 아이와 함께 확인해보기

자녀가 청소년성보호법, 성폭력처벌법과 관련한 피해자가 되었다면 아래 체크리스트를 먼저 확인해보세요.

체크리스트

- ☐ 음란한 사진을 보내거나 음란한 말을 한 사람이 누구인지 아는가?
- ☐ 그 사람이 음란한 사진을 보내거나 음란한 말을 한 이유는 무엇인가?
- ☐ 촬영된 사진, 영상의 내용은 무엇인가?
- ☐ 신체의 어떤 부분이 촬영되었는가?

자녀가 가해자로 지목되었다면 다음 장의 체크리스트를 확인해보세요.

체크리스트

- [ ] 음란한 사진을 보내고 말을 한 이유는 무엇인가?
- [ ] 상대방 신체의 어떤 부분을 촬영하였나?
- [ ] 아동청소년 성착취물 또는 불법촬영물임을 인지하고 영상이나 사진을 시청하였는가?
- [ ] 촬영의 이유는 무엇인가?

아이에게 이것만은 꼭 알려주세요

- SNS를 통해서 친절하게 다가오는 사람들은 불순한 의도가 있을 수 있으므로, 낯선 사람과 채팅하거나 SNS 메시지를 주고받지 않는 것이 좋다.
- 누군가와 SNS를 통해 대화하게 되더라도 개인정보나 사진, 영상을 함부로 보내면 안 된다. 내가 보낸 정보는 언제든 온라인상에 유포될 수 있다.
- 대화 중 상대방이 신체 부위를 촬영하여 달라고 한다면 거절하고 즉시 부모에게 알려야 한다(이때 부모는 상대방을 특정할 수 있는 닉네임, 아이디가 나오도록 화면을 캡처하여 증거를 수집하여야 한다).
- SNS나 메신저에서 대화 중 상대방에게 성적인 발언을 하면 범죄가 될 수 있다.
- 타인의 동의를 받지 않고 신체 부위를 촬영하거나 동의를 받고 타인의 신체 부위를 촬영했다고 하더라도 이를 다른 사람에게 보내는 행위는 범죄가 된다.

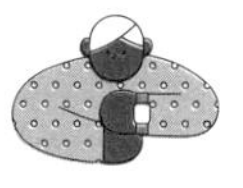

학교폭력에 맞서기 위해 아이와 함께 확인해보기

만약 자녀가 학교폭력의 피해를 입었다면, 아래 체크리스트를 확인해보세요.

체크리스트

- ☐ 언제, 어디에서, 누구로부터 피해를 입었는가?
- ☐ 가해자가 한 명인지 여러 명인지, 또 누구인지 지목할 수 있는가?
- ☐ 당시 상황을 목격한 사람이 있는가?
- ☐ 피해의 내용을 설명할 수 있는 문자 등의 자료가 있는가?

만약 자녀가 학교폭력의 가해자로 지목받게 되었다면, 다음 장의 체크리스트를 확인해보고 대응하세요.

체크리스트

- ☐ 피해학생과의 평소 친분 관계가 어떠하였는가?
- ☐ 친구에게 폭력을 행사하거나 기분 나쁜 말을 한 이유는 무엇인가?
- ☐ 가해행위가 형사처벌이 가능한 종류(상해, 성범죄 등)인가?
- ☐ 당시 상황을 목격한 사람이나 관련 문자 등의 증거가 있는가?

아이에게 이것만은 꼭 알려주세요

- 사이버 공간에서도 바른 언어를 사용하고, 상대에게 예절을 지켜야 한다.
- 나에게는 장난이라도, 다른 사람의 마음을 아프게 하는 행위는 폭력이 될 수 있다.
- 상대방이 나에게 잘못했다고 해서 같은 방법으로 보복해서는 안 된다.
- 힘든 일이 생겼거나 마음 아픈 일이 생겼을 때는 주위 사람들과 상의해야 한다.

참고자료

2장

- 한국콘텐츠진흥원, 「2021 콘텐츠분쟁조정사례집」, 2021.
- 박수현, 「"부모님께는 비밀로" 사이버범죄 연루된 청소년, 5년간 12만여 명」, 머니투데이, 2022. 03. 22.

3장

- 차효인, 「온라인 매개 아동·청소년 대상 성범죄 피해 위험 뚜렷」, 여성가족부 정책뉴스, 2022. 03. 24.
- 이명화, 「디지털 성범죄에 노출된 아동·청소년 누군가의 '놀이'는 범죄가 된다」, 『행복한교육』 2021년 8월호.
- 박다혜, 「'랜덤 채팅 앱'에서 미성년자와 대화 77%가 "성적인 목적"」, 한겨레, 2020. 06. 15.

4장

- 교육부, 「2022년 1차 학교폭력 실태조사」, 2022.
- 교육부·이화여자대학교 학교폭력예방연구소, 「2023년 개정판 학교폭력 사안처리 가이드북」, 2023.
- 방송통신위원회, 「2022년 사이버폭력 실태조사 결과보고서」, 2022.

5장

- 법무부, 「제6기 마을변호사 및 마을법률담당공무원 명단」, 2023.

변호사 엄마가 알려주는 SNS에서 우리 아이 지키는 법률 상식
내가 몰랐던 내 아이의 SNS

초판 1쇄 인쇄일 2023년 7월 20일
초판 1쇄 발행일 2023년 7월 31일

지은이 이수지 최하나
펴낸이 정은영
편집 전지영 전유진 최찬미
디자인 서은영
마케팅 이언영 한정우 전강산 최문실 윤선애 이승훈
제작 홍동근

펴낸곳 자음과모음
출판등록 2001년 11월 28일 제2001-000259호
주소 10881 경기도 파주시 회동길 325-20
전화 편집부 (02)324-2347, 경영지원부 (02)325-6047
팩스 편집부 (02)324-2348, 경영지원부 (02)2648-1311
이메일 munhak@jamobook.com

ISBN 978-89-544-4930-4 (03330)